어느 산타의 일기

어느 산타의 일기

저자 _ 에드 부처트

13년 동안 스톤마운틴 파크에서 직업 산타 일을 해온 에드 부처트는 현재 Friends of Disabled Adults and Children(FODAC, 장애인과 어린이들의 친구)을 설립, 운영하고 있다. 1,800평이 넘는 이곳 작업장에서 그는 12명의 정규 직원과 수백 명의 자원봉사자들과 함께 휠체어와 다른 의료기구들을 수리하는 일을 하고 있다. 35개 주와 51개 지역의 4만 5,000명이 넘는 장애인들에게 필요한 기기들을 고쳐주고, 또 제공도 하고 있다. 이런 공익을 위한 서비스와 개인적인 봉사 활동을 인정받아 1988년 '디캘브 대학 봉사상', 1993년 '조지아 주지사상'과 '애틀랜타 시장상', 1998년 애틀랜타 시의회에서 수여하는 '어린이들을 위한 훌륭한 인물상' 등 부처트는 수많은 인도주의적 상을 탔다. 부처트는 마운트카멜 교회에서 장로로 봉사하고 있으며, 부인 애니와 함께 조지아주 애틀랜타 근처에 살고 있다. 그들에겐 다섯 명의 장성한 자녀가 있다.

어느 산타의 일기

에드 부처트 지음 | 안의정 옮김

바이북스
ByBooks

옮긴이 _ 안의정

1952년 서울에서 태어나 국민대 정치외교학과를 졸업하였다. 연세대 행정대학원에서 국제 행정을, 뉴욕대학교 대학원에서 조직행태학을 전공하였다. 한국일보 뉴욕지사에서 외신기자로 있으면서 각종 월간지 프리랜서로 활동했다. 지은 책으로『울리지 않는 메아리』,『용의 날』,『대지진』,『여자는 소리내어 울지 않는다』,『아우야! 세상엔 바보란 없단다』,『마음을 열면 세상은 참 아름답습니다』 등이 있으며 엮은 책으로『아무도 보지 않을 때처럼 춤을 추자구요』,『사랑보다 더 소중한 보물은 없습니다』, 옮긴 책으로『추억과의 이별』,『클락 윅 오렌지』,『두 친구』,『굿바이 마이 프렌드』 등이 있다.

어느 산타의 일기

초판 1쇄 인쇄_ 2005년 12월 5일
초판 1쇄 발행_ 2005년 12월 10일

글쓴이_ 에드 부처트
옮긴이_ 안의정
일러스트_ 김지윤

펴낸곳_ 바이북스
펴낸이_ 윤옥초

주간_ 이혜경
편집1팀_ 이정아, 윤현주, 임종민
편집2팀_ 정세희, 변효현, 이평화
디자인팀장_ 최승협
책임디자인_ 황성실
디자인1팀_ 김영미, 김세희, 김승이, 김경란
디자인2팀_ 이윤희, 박은화, 이정은, 황수영

등록_ 2005. 06. 30 | 105-90-92811호
ISBN_ 89-957444-1-3

서울시 마포구 동교동 203-9 4층
전화 02)333-0812 | 팩스 02)333-9960
이메일 postmaster@bybooks.co.kr
홈페이지 www.bybooks.co.kr

값 12,000원

바이북스는 책을 사랑하는 여러분 곁에 있습니다.
독자들이 반기는 벗 - 바이북스

나의 사랑하는 아내 애니와
하느님께 이 책을 바칩니다.

옮기고 나서

양말과 선물…….

성냥팔이 소녀, 트리, 굴뚝, 벽난로, 루돌프, 그리고 산타 클로스…….

크리스마스 하면 떠오르는 단어들이다.

크리스마스는 종교를 떠나 대부분의 사람들이, 어린아이부터 어른까지 모두들 기분 좋아하고 즐기고 싶은 축제로 우리 곁에 있다.

크리스마스가 기분 좋은 이유 중 하나는 '사랑'을 나누는 분위기 때문일 것이다.

크리스마스 시즌이 되면 우리는 그 어느 때보다 더 많은 사랑을 나눈다. 가족끼리는 물론이고 소외된 이웃들에게도.

늘 사랑하면서 살아야겠지만 여러 이유로 쉽지 않은 게 현실이고, 그래서 사랑을 나눠 가지려고 조금은 더 적극적이 되는 크리스마스 때를 기뻐한다.

그 사랑을 배달하는 대표적인 이가 '산타클로스'이다.

이 책은 30년이 넘게 산타클로스로 살아온 어느 산타의 일기다. 그가 산타로 지내면서 만난 작은 천사들과의 이야기이며, 사랑은 나눌수록 커진다는 아름다운 진실을 가꿔가며 함께 행복해지는 이야기다.

사람들은 더 이상 산타클로스를 믿지 않는다. 어린아이들 중에도 산타를 믿는 아이는 드물다.

하지만 사람들은 늘 산타클로스를 그리워한다. 산타클로스는 사랑과 희망과 믿음의 은유이기 때문이다. 산타클로스를 믿는 마음, 그 동심을 그리워하기 때문에 매년 산타는 우리 곁에 오는 것이다. 우리네 현실이 점점 삭막해지고 메말라가기 때문에, 오히려 그렇기 때문에 우리는 산타를 기다리고 그리워하는지도 모른다. 마치 공기청정기처럼, 하늘로 난 창문처럼.

"마법은 오직 크리스마스에만 이루어진단다. 그런데 크리스마스가 딱 하루뿐이라고 생각하니? 그렇지 않아. 너는 마음속으로 매일 너만의 크리스마스를 맞이할 수 있어. 왜 그런지 아니? 그건 바로 마법이 곧 사랑이기 때문이란다. 사랑이 크리스마스를 불러오는 거야. 그래서 매일 매일이 크리스마스일 수 있는 거지."

우리는 마법을 일으키며 살아가야 한다. 힘든 서로를 도닥거리고 안아주고 웃음지게 하는 마법……. 그래서 크리스마스를 하루하루 늘여가야 한다. 사랑이 사람을 구할 수 있게. 『어느 산타의 일기』에는 그 마법의 힘이 그득하다.

번역을 하는 동안 나는 산타를 만날 수 있었고, 그래서 행복했다. 코끝이 찡해지고 눈시울이 뜨거워지면서도 가슴을 서서히 데우던 그 따뜻한 온기를 독자들에게 보온상태로 잘 전달할 수 있도록 애를 썼다. 이 책 자체가 산타에게 받는 선물이므로.

서로가 서로의 산타가 될 수 있는 세상이 되었으면 좋겠

다는 바람을 간직하면서 행복한 일을 기쁘게 마감한다. 일
정이 바쁜 나를 참 많이 도와준 한혜정 양에게 고마운 마음
을 전하고, 산타의 선물이 제 시간에 잘 도착할 수 있도록
잠까지 줄여가며 아름다운 시간들을 고스란히 바쳐준 바이
북스 편집팀과 디자인팀에게 역시 고마운 마음 전한다.

2005년, 크리스마스를 기다리며

안의정

차례 _ 어느 산타의 일기

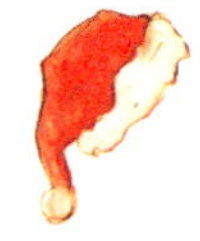

you can't go to by... wondering about... ...girl,

Hopes

희망

Dear Sir,

I'm wondering about you -- you can't possibly go to everyone's house in just one night, even though have 24 hours to do it, considering the diffrent time zones. How can you be in so many places at one time? What I mean is, when I was little and went to the mall, I saw you. When I got home, my cousin called me and said that she had just been sitting on Santa's lap at the mall. Get this -- we live an hour and half away from each other! That proves my point! You must have a ton of look-a-likes, or you're not real. But by chance if I'm wrong and you are real, then I don't want any thing for Christmas this year. I just want my aunt to be cured of her cancer. And you can't do that only God can make that happen. So I'll pray to Him for a miracle. In mean time could you stop by her house and give her some raspberry truffles? Do. Sure she'd love to see you. It's been a choclate, please. They're her favorite. I'm 40 years. Thanks a lot

Your Wondering Friend

Mackenzie age 11

산타할아버지께

안녕하세요, 산타할아버지.

평소 산타할아버지께 몇 가지 궁금한 게 있었는데 여쭤봐도 되죠?

산타할아버지는 어떻게 단 하루 만에 그렇게나 많은 아이들을 만날 수 있는 거죠? 산타할아버지가 하루 24시간 내내 일을 한다 해도 하룻밤은 모든 사람들의 집을 방문하기에는 너무 짧은 시간인 거 같아요.

사실은 제가 지금보다 더 어렸을 때, 쇼핑몰에 갔다가 산타할아버지를 본 적이 있어요. 그래서 설레는 맘으로 집에 돌아왔는데, 제 사촌이 전화를 해서는 글쎄, 자기네 동네 쇼핑몰에서 산타를 만났다고 자랑을 하는 거예요. 산타의 무릎에도 앉아봤다고 난리법석을 떨면서 말이에요. 근데 너무 이상하잖아요. 우리 집에서 사촌 집까지는 한 시간 하고도 반이나 걸리는데 도대체 어떻게 된 걸까, 어리둥절했어요. 어떻게 산타할아버지가 동시에 두 곳에 있을 수 있나구요. 그래서 전 이런 생각이 들었어요. 세상에는 산타할아

버지를 닮은 사람들이 엄청 많거나,
아니면 내가 본 산타는 진짜 산타가 아닐지도 모른다고요.
　하지만 만약 제 생각이 틀렸다면, 당신이 진짜 산타라면,
저는 올해 크리스마스에는 아무 선물도 원하지 않는다고 말
씀드리고 싶어요. 다만, 암에 걸린 우리 이모가 빨리 건강해
지는 게 제 소원이라는 말은 하고 싶어요. 물론, 그 일은 오
직 하느님만이 하실 수 있는 일이기 때문에 산타할아버지가
제 소원을 들어주실 순 없겠죠. 그래서 전 이제부터 하느님
께 기도할 거예요. 이모에게 기적이 일어나게 해달라구요.
　제가 산타할아버지께 부탁드리고 싶은 건, 제가 기도하
는 동안 이모에게 라즈베리트러플을 좀 갖다 주셨으면 하
는 거예요. 다크초콜릿두요. 이모가 제일 좋아하는 거거든
요. 그리고 이모가 산타할아버지를 보면 정말 좋아할 거예
요. 꼭 부탁드려요.

당신이 궁금한 친구

매킨지로부터

산타의 비밀
Secrets I Must Tell

🌟 10월부터 시작된 긴 산타 시즌의 마지막 날인 어느 크리스마스이브 전날 밤, 벽시계는 9시를 향해 가고 있었고, 나는 모든 아이들이 간절히 기다리는 산타가 되기 위해 준비 중이었다. 하지만, 그날 밤은 어쩐지 마음이 무거웠다. 사랑하는 아내 애니가 사흘 동안 병원에 입원해 있었기 때문이다. 나는 홀로 아파하고 있는 애니와 함께 밤을 보내면서 그녀를 지켜주기는커녕, 병실에 누워 있는 그녀 옆에 제대로 앉아 있어주지도 못했다. 사실 나를 기다리는 아이들의 마음을 모르는 것은 아니지만, 나도 늘 행복하게 기다리는 순간이긴 하지만, 그때만큼은 어서 빨리 산타 일

을 끝내고 그녀가 있는 병원으로 달려가고 싶었다. 사실 애니는 크리스마스이브에 퇴원할 예정이었는데, 하루라도 빨리 그녀를 집으로 데려오고 싶었다. 그리고 긴긴 겨울 동안 모든 일을 그만두고 둘이 함께 휴식을 취하고 싶다는 아주 간절한 소망을 가슴 깊이 보듬고 있었다.

산타를 구경하기 위해 모여든 사람들은 대부분 비슷비슷하다. 아이들은 내게 소원을 말하기 위해 긴 줄을 서서 기다리고 있고, 부모들은 내가 자녀의 꿈을 이뤄줄 수 있도록 자신이 무엇이든지 돕겠다는 태세로 조바심을 내며 옆에 서 있다. 내 마음이 어떤 빛깔이든, 그 순간이 즐겁든 즐겁지 않든 간에 나는 산타가 있어야 할 그곳에 꼭 있어야 한다. 뿐만 아니라 산타 일을 억지로 하는 것처럼 보였다가는 사람들이 금세 지루해하기 때문에 언제나 완벽하고 열정적인 산타가 되어야 한다. 그런 산타와 함께 더욱 활기차고 행복한 성탄 분위기를 연출하기 위해 내 옆의 작은 의자에는 '요정' 한 명이 앉아 있다.

요정 트렌트는 키가 114센티미터밖에 안 되는 17세의 작은 소년이었는데, 그와 함께 있으면 매우 즐거웠다. 트렌트

와 나는 아이들과 얘기하는 중간중간에 서로 얘기를 나누
곤 했는데, 그와의 대화는 이상하게도 내게 힘을 줘서 아이
들과 얘기하는 데 큰 도움이 되었다.

드디어 그날의 만남이 시작되었고, 저마다의 별을 얼굴
에 달고 있는 듯 반짝이는 아이들과 차례차례 만났다. 몇
번째였을까. 한 작은 소년이 내 앞으로 다가왔다. 그 아이
는 많아봤자 다섯 살 정도로밖에 보이지 않았다. 그 아이는
줄을 서서 기다리는 10분 동안 팔짱을 낀 채 나를 유심히
관찰하고 있었다. 그러고는 기대에 찬 눈빛으로 나를 올려
다보았다. 이것은 매우 중요한 비즈니스였다. 나는 환하게
웃으며 아이에게 인사했다.

"안녕."

"안녕하세요, 산타할아버지."

이때부터 판에 박힌 질문이 시작되었다.

"기분이 어떠니?"

"좋아요."

"그렇구나."

"그동안 착하게 지냈니?"

“음……”

아이는 잠시 천장을 쳐다보면서 집게손가락으로 턱을 톡톡 두들겼다.

“음……”

아이는 마치 심각한 추리에 빠진 꼬마탐정처럼 꽤 오랫동안 천장을 뚫어져라 쳐다보았다.

“저 애가 뭘 하고 있는 거죠?”

트렌트가 내 오른쪽 귀에다 대고 속삭였다. 우리는 천장에 뭔가 흥미로운 볼거리라도 있나 해서 아이의 시선을 따라 천장을 올려다보았다. 그러나 아무것도 없었다. 그런데도 꼬마는 계속해서 자신의 턱을 톡톡 두드리며 천장을 응시한 채 무언가를 골똘히 찾아내려고 애쓰고 있었다. 그 모습을 보고 있는데 갑자기 번뜩, 어떤 생각이 떠올랐다.

‘아, 이 아이는 대답을 찾고 있는 거야. 이 아이는 제일 중요한 질문에 대해 깊이 생각하고 있는 거야!’

“이 아인 생각하고 있어.” 나는 트렌트에게 속삭였다.

“뭐에 대해서요?” 트렌트가 의아스럽다는 듯이 물었다.

“나야 모르지. 하지만 꼭 생각해봐야 하는 거야!” 그렇게

만 말하고 나는 웃었다.

드디어 꼬마는 턱 두드리는 것을 멈추고 진지하게 말했다.

"꽤, 괜찮았어요." 그러곤 아이는 나와 눈을 맞추며 다시 한 번 대답했다.

"괜찮았어요."

나는 무슨 말인지 몰라 그저 아이의 다음 대답을 기다릴 뿐이었다.

"8월에는 꽤 착한 아이였어요."

아이의 말에 트렌트는 의자에서 미끄러졌고, 나는 수수께끼가 풀린 상쾌한 기분에 어린아이처럼 웃음을 터뜨렸다. 이 산타가 이제껏 들었던 그 어떤 대답 중 가장 솔직하고, 정확하고, 진지한 답이었다. 솔직히 고백하자면, 오랜 세월 동안 무뎌지기도 한 내 마음이 그 아이로 인해 청량해지는 느낌이었다. 나도 모르게 끊임없이 흘러나오는 기분 좋은 웃음을 진정시키며 소년에게 물었다.

"그래, 넌 크리스마스에 뭐가 갖고 싶니?"

그러자 아이는 마치 가슴 졸이던 시험에 통과한 듯 활짝 웃으며 크리스마스를 맞는 아이답게 갖고 싶은 선물 목록을 말하기 시작했다. 하지만 나는 지금 그 아이의 소원을 기억하지 못한다. 그 당시 나의 온 신경은 깜짝 놀랄 정도로 정직한 소년의 얼굴에 쏠려 있었기 때문이다. 그 아이는 정말 중요함에도 불구하고 다들 쉽게 넘겨버리는 질문을 진지하게 받아들였고, 자신이 깊게 신뢰하고 있는 산타에게 가장 정확한 진실을 말하고 싶었던 것이다. 이 얼마나 대단한 믿음인가! 열한 달을 말썽꾸러기로 보냈지만 사랑과 믿음의 대상인 산타에게는 솔직하려고 애썼으며, 그만큼 산타를 믿고 또한 커다란 희망을 품고 있었던 것이다.

나는 벅찬 마음을 애써 누르며 아이에게 산타로서 다정한 조언을 건네기 시작했다.

"애야, 언제나 착한 아이가 되어야 한다는 걸 잊지 마라. 8월뿐만이 아니라 말이다."

그러고는 아이를 아빠에게로 돌려보냈다. 아이 엄마는 곁에서 안절부절못하며 아이를 기다리고 있었다. 그녀는 아들이 어떤 놀라운 말을 해서 우리에게 가슴 환해지는 순간을 선사했는지 알아야 했다. 나는 그녀에게 조금 전의 대화 내용을 작은 소리로 자세히 말해주었다.

“우리 아이가 정말 그렇게 말했나요?”

그녀는 아이의 솔직함에 감탄하며 물었다. 그녀는 더할 수 없이 밝은 목소리로 웃었고, 트렌트와 나도 함께 즐거워했다. 작별인사를 나누는 순간에도 우리들의 얼굴에는 미소가 떠나지 않았다. 그 순간, 나는 내가 산타로서 크리스마스의 기적을 목격할 수 있는 특권을 받았음을 깨달았다. 지쳐 있던 내 맘이 어느새 어린아이와 같은 믿음과 희망으로 마치 활처럼 팽팽하게 당겨져 북쪽 훨씬 더 높은 어느 곳으로 날아가는 것을 보았다.

그리고 잠시나마 산타로서의 마지막 밤이 어서 끝나기를 바랐던 마음이 감쪽같이 사라졌음을 알았다. 나는 커다란 기대를 품고 나를 만나기 위해 줄 서 있는 한명 한명의 아이들을 바라보았다. 이 순간순간이 순수한 기쁨과 희망, 그리고 모든 것이 잘될 거라는 마법 같은 믿음의 시간이었다.

그 시간 속에서 발견한 비밀들이 나 혼자만 알고 있기엔 너무나 소중한 것들이라는 생각이 들었다. 소중한 것들은 반드시 다른 사람들과도 나눠야 한다. 그래서 나의 소중한 산타 일기를 모두에게 공개하기로 마음먹었다.

처음 산타가 되던 날

In the Beginning……

모든 산타들은 자신이 처음 산타로 변신했던 때를 기억한다. 나는 고등학교 3학년 때 처음 산타가 되었다. 그때 고향인 노스캐롤라이나의 그린스보로에 있는 벨크 백화점에서 주말 아르바이트를 하고 있었는데, 마침 벨크 백화점에서 산타 옷을 빌릴 기회가 있었다. 그 사실을 알게 된 형이 내게 산타 옷을 입고 집으로 와달라고 부탁했다. 이제 겨우 아장아장 걷기 시작한 수전이 가장 좋아하는 담요 문제를 해결해달라는 것이었다. 수전은 아무리 예쁜 담요를 사다줘도 아기 때 쓰던 낡은 담요를 고집스레 품안에 움켜쥐고 내놓지 않았는데, 그 이유가 산타의 요정에게 그 담요를 주고 싶기 때문이라고 했다. 그리고 그러기 위해서는 산타에게 직접 줘야 하기 때문에 다른 누구에게도 담요를 줄 수 없다며 버티고 있다는 것이었다.

나는 형과 형수가 그 낡아빠진 담요를 처리하고는 후련해하는 모습과, 산타를 보고 즐거워할 조카의 모습을 떠올리며 형의 부탁을 흔쾌히 수락했다. 물론 내가 진짜 산타처럼 연기를 잘 해서 형을 제대로 도와줄 수 있을지, 조금 걱정되기도 했다. 하지만 그런 걱정보다 내가 산타가 됨으로써 일어날 행복한 일들에 대한 기대감이 훨씬 컸다. 수전은 산타를 만나면 분명 크게 기뻐할 것이다. 게다가 조카 앞에서 삼촌의 신분을 속이고 진짜 산타인 척 연기한다는 게 얼마나 흥미로운 일인가!

산타가 되기로 한 날은 시간이 유난히도 더디게 흘렀다. 나는 아르바이트를 하는 동안에도 틈만 나면 수전을 만났을 때 건넬 인사를 연습하고 또 연습했다. 밤이 되자 내 머릿속에는 온통 어서 빨리 수전을 만나 깜짝 놀라게 해주고 싶은 생각뿐이었다. 설렘과 긴장감이 교차하는 가운데 산타 옷을 챙겨서 형의 집으로 차를 몰아갔다. 형네 집 근처에 도착해서는 차를 길 한쪽에 세워두고 산타 옷으로 갈아입었다. 그리고 큰 걸음으로 거리를 성큼성큼 걸으며 수염과 벨트, 모자를 가다듬었다. 내 심장은 펄떡펄떡 뛰고 있었다.

나는 심호흡을 한 번 한 뒤 벨을 눌렀다. 딩~동~

잠시 후 수전의 자그마한 손이 문고리를 힘겹게 돌리는 소리가 났다. 그리고 문이 열리는 순간, 수전의 눈이 그야말로 화등잔만큼 커다래지는 것이 선명하게 보였다. 그 순간을 놓치지 않고 하루 종일 열심히 연습한 인사를 건네려는 순간, 수전은 비명을 지르며 거실을 가로질러 방으로 뛰어 들어갔다.

그러고는 눈 깜짝할 사이에 침대 밑으로 숨어버렸다. 전혀 상상하지 못한 갑작스런 상황에 나는 어찌해야 할지 몰라 형을 바라보았다. 형 역시 어이없다는 듯 나를 쳐다보았다. 나와 형은 수전이 산타의 방문을 무서워할 거라고는 생각조차 못 했다. 알고 보니 수전은 산타를 상상 속의 인물로만 생각했을 뿐, 눈앞에서 직접 만날 수 있을 거라고는 전혀 생각하지 못했던 것이다.

잠시 어색한 시간이 흘렀다. 나는 어안이 벙벙한 채로 그 자리에 서 있었다. 어린아이가 보일 수 있는 뜻밖의 반응도 미리 고려해야 한다는 것을 이제야 깨달은 형은 한숨을 푹 내쉬며 지나치게 푹신해 보이는 의자를 가리키며 말했다.

"앉아, 에드."

나는 일단 자리에 앉았지만 마음은 계속 불안했다. 내 몸은 산타 옷 속에 누벼진 두꺼운 솜 사이에 샌드위치처럼 끼어 있었고, 내 귀는 길게 늘어진 하얀 수염을 지탱하기 위해 걸어놓은 끈 때문에 비틀려 있었으며, 둘레가 19센티미터인 내 머리는 16센티미터짜리 둘레의 가발에 꽉 조여져 있었다. 산타 옷의 단추들이 터지거나, 혹은 수염이 흘러내리거나, 가발이 벗겨질까봐 내 신경은 바짝 곤두서 있었다.

그동안 형과 버지니아 형수는 수전을 달래 침대 밑에서 나오게 하려고 애를 쓰고 있었다.

"수전, 산타할아버지는 널 사랑해. 널 절대로 해치지 않아."

하지만 아무리 어르고 달래도 소용이 없었다.

그러는 동안 나는 두텁게 누빈 솜과 길고 덥수룩한 수염 때문에 완전히 땀에 절어가고 있었다. 산타 옷에 둘러싸인 육체와 함께 내 정신도 녹아내리고 있었다.

수전을 달래는 형을 보며 잠시 이런 생각도 들었다.

'산타가 사실 나라는 것을 알면 수전이 좀 진정하지 않을까. 대신 앞으로는 수전이 산타의 존재를 믿지 못할지도 모르겠지만……'

하지만 얼마 지나지 않아 나는 수전이 산타의 정체를 결코 알아차릴 수 없다는 걸 알게 되었다. 수전은 산타가 나라는 것을 알아채지 못할 만큼 먼 거리에 서서 나를 쳐다보지도 않은 채 오른쪽 팔을 쭉 뻗었다. 멀리 내뻗은 그 조그만 손가락 끝에 수전의 낡은 담요가 힘겹게 걸려 있었다. 나는 부들부들 떨리는 수전의 손끝에 간신히 걸려 있는 그 선물을 받아들고는 과장되게 굵은 목소리로 말했다.

"고맙구나, 수전. 내 요정이 이렇게나 특별한 담요를 받으면 정말 기뻐하겠구나. 네가 주는 이 귀한 선물을 요정에게 전해줄 수 있어서 나도 무척 기쁘단다."

내 말이 끝나기가 무섭게 수전은 이미 사라지고 없었다. 나는 형네 가족이 크리스마스의 평화를 되찾을 수 있도록 얼른 형의 집을 떠나야 했다.

사실 그 당시만 해도 나는 수전의 비명을 미리 예상했어야 한다는 걸 알지 못했다. 실제로 생후 11개월에서 3살 사이의 어린아이들 중 75퍼센트가 산타를 보면 울거나 비명을 지른다. 그리고 내겐 그 사실을 뒷받침해줄 통계치가 필요 없다. 가장 중요한 그 사실을 이미 몸소 체험했기 때문이다.

산타의 붉은 옷은 사람을 굉장히 크고 실감 나게 보이게 하기 때문에 아이는 그것에 맞서려 하거나 반대로 울어버 릴 수 있다. 때때로 아이들은 울거나 비명을 지르거나 두 가지 반응을 모두 보이기도 하는데, 어떤 경우든지 산타를 연기하는 사람은 아이에게 무조건적인 사랑을 베풀어야 한 다. 아이들에게 충격을 주기 위해 아이들이 믿어온 존재인 산타를 구현한 것은 아니기 때문이다.

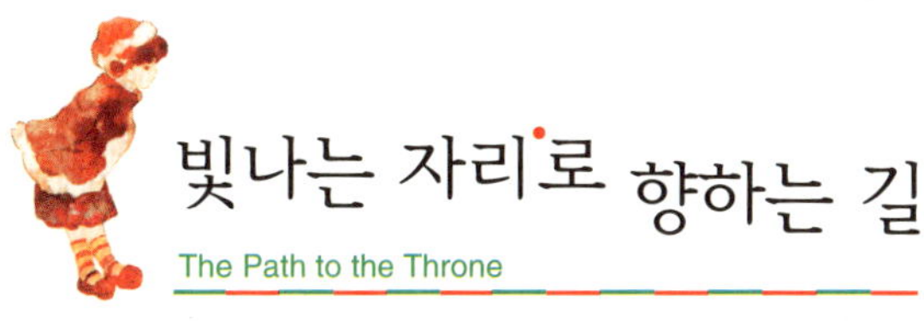

빛나는 자리로 향하는 길

The Path to the Throne

산타클로스로 변신하는 게 그렇게 어려운 일은 아니다. 아마 할리우드에서는 산타 역을 맡은 배우에게 메이크업 아티스트가 수염을 붙여주고 뺨과 코에 붉은색을 발라줄 것이다. 그런 다음 의상실로 가서 코디가 골라준 붉은 옷을 입으면 산타로의 변신은 완벽하게 끝난다.

하지만 언제나 현실 세계는 할리우드와 다르듯, 산타가 되는 것도 그렇게 쉽지만은 않다. 나는 조카인 수전을 놀라

• **빛나는 자리 (throne)** : 왕좌, 성좌의 뜻. 크리스마스 시즌에 쇼핑몰 등의 중앙에 트리와 함께 여러 가지 장식을 해놓은 왕좌처럼 생긴 자리. 산타가 요정을 데리고 앉는데, 그 의자를 throne이라고 부름.

게 한 이후 산타 옷은 물론이고 그냥 붉은색 옷도 두 번 다시 입고 싶지 않았다. 사실 나는 아이들을, 특히 아주 어린 아이와 젖먹이를 잘 돌보지 못하는 편이다. 그래서 아마 수전이 나를 산타로 받아들여줬다 하더라도 내 쪽에서 먼저 수전을 감당 못해 성가셔했을지도 모를 일이다.

그 뒤 40년 동안 나는 산타보다는 스크루지를 닮아가는 것 같았다. 노스캐롤라이나 대학에서 신문학 학사학위를 받은 뒤 해병대에 들어갔는데, 거기서 보병대의 리더로서 녹색이나 황갈색 옷을 입었고, 전장에서 적을 죽이고 살아남는 43가지 방법을 배웠다.

그리고 군대에서 습득한 자급자족의 기술은 내가 가장 신뢰하는 능력이 돼버렸다. 또 내 운명이 마치 그들과 하나인 양(실제로 그랬지만) 내 부대와 동료 장교들을 사랑하는 법을 배워나갔다. 하지만 그것은 상대가 나에게 무엇인가를 해준다는, 예를 들어 안전을 보장해주거나 생명을 지켜준다는 전제하에 베푸는 조건부의 사랑이었다.

그러다가 1978년에 나는 해병대에서 전역해 제약회사에서 영업사원으로 일하기 시작했다. 그 시절 나는 교회에서 어릴 때 소아마비에 걸려 휠체어를 타고 다니는 청년을 알게 됐다. 나는 우리가 공통점도 없고 마땅히 얘기할 거리도 없다고 지레짐작해 약 2년 동안이나 청년을 복도에서 만나면 그저 겨우 인사 정도만 했다. 하지만 어쩌면 나는 그 휠체어에 겁을 먹고 있었는지도 모른다. 그러던 어느 날 청년과 나는 우연히 대화를 나누게 되었고, 나는 그 청년이 매우 박식하고 재미있는 사람이라는 것을 알게 되었다. 이때부터 나는 우리 집 근처에 있는 청년의 아파트를 방문하기 시작했다. 그렇게 가끔씩 그의 집을 드나들던 어느 날, 친구가 된 그 청년이 내게 전구를 좀 갈아달라고 부탁했다.

사실 나는 군대에 있을 때 미국은 물론 외국 장군들에게서도 훈장을 받았었고, 전역 후 영업사원으로 일하면서도 판매 부문에서 각종 상을 휩쓸었었다. 나는 내가 기독교인으로서 신의 사랑을 듬뿍 받고 있으며, 다른 이들을 진실하게 대해왔다고 자부해왔다. 그런데, 스스로 전구를 갈지 못하는 그 친구를 위해 전구를 끼우면서 나는 이제껏 경험해보지 못한 특별한 느낌과 조우했다. 그 어떤 훈장이나 상을 받았을 때와는 감히 비교조차 할 수 없는 감격이었다. 그때까지 내 삶을 지배해왔던 군대식 자급자족 생활과 교회에서 해온 형식적인 봉사활동 같은 것들이 퇴색해버린 낡은 잡지표지처럼 너무나 무의미하게 느껴졌다. 몸이 불편한 친구를 위해 전구를 돌리고 있는 너무나 간단하고 가벼운 손놀림이 그 어떤 행위보다 더 귀하고 값지게 느껴졌다.

그 일을 계기로 나는 진정한 목표와 새로운 가치관을 품게 됐다. 내 안에 반짝반짝, 빛나는 밝은 빛이 켜진 것이다.

아내와의 만남

나는 마치 좋은 일을 하게 만드는 벌레에게 물린 것처럼, 어느 날부터인가 장애인들을 대신해 전구를 갈아 끼우고, 주변 복지시설에 가서 허드렛일을 했다. 그리고 낡았지만 유용한 기능이 달린 밴을 사서 휠체어를 고정시킬 장치와 경사대를 설치했다. 나는 이 밴에 장애인들을 태우고 그들의 약속 장소나 이벤트에 데리고 다닐 수 있었다.

그리고 딸 게일과 함께, 휠체어를 타는 친구들도 오갈 수 있는 아파트를 구하러 다녔다. 집도 장애인 친구들이 쉽게 올 수 있는 곳으로 옮기고 싶었던 것이다. 그런데 2주 동안

24군데의 아파트를 둘러보았지만, 휠체어가 간신히라도 다닐 수 있는 곳은 단 한 군데도 없었다.

그렇게 아무 성과 없이 하루하루가 지나가던 어느 날, 게일이 은행에 가서 예금도 하고 통장을 개설해준 아줌마도 다시 만나보고 싶다고 했다. 그러더니 내게 자기와 함께 은행에 들어가서 그 아줌마를 만나보자는 것이었다. 나는 딸에게 내가 하고 싶은 일 중 가장 마지막의 것이 여자를 만나는 일이라고 말해줬다. 솔직히 난 여자에게 흥미가 없었다. 몇 년 전에 결혼생활을 청산하면서 받은 상처가 아직도 아물지 않았기 때문이었다.

하지만 차 안에서 기다리는 것도 너무 덥다는 생각에 게일을 따라 은행 안으로 들어갔다. 은행에 들어서자 게일이 '앤 무어'라고 쓰인 이름표 뒤에 앉아 있는 아름다운 금발여인에게 손을 흔들었다. 나는 그 순간 앤의 아름다운 미소와 달콤한 목소리에 매료되었다. 게일이 예금을 하는 동안 우리는 서로 인사를 나눴고, 나와 게일이 오늘 아파트를 구하러 다니고 있다는 얘기로 대화를 시작했다. 앤은 우리에게 어떤 집을 찾고 있느냐고 물었다. 게일이 다른 건 필요 없고 단지 현관에 휠체어를 놓을 수 있을 만큼의 공간이 있으면 된다고 대답했다. 앤은 깜짝 놀라면서 휠체어를 사용해야 하는 특별한 이유가 있느냐며 우리 둘을 번갈아 보았다.

나는 이제까지 휠체어를 사용하는 친구들을 도와왔는데, 그들이 방문하기에 편한 집에서 살고 싶어서 그런다고 설명했다. 그러자 앤은 자신이 사는 아파트 단지에 인도와 현관이 바로 이어져 있는 집들이 있다고 가르쳐주고는, 자신의 명함 뒤에 주소를 적어줬다.

그로부터 2주 뒤 우리는 앤의 집 아랫동에 있는, 휠체어가 들어갈 수 있는 아파트로 이사했다. 얼마 지나지 않아 봄방학이 되었고, 직장 때문에 하루 내내 아이와 함께 있을 수가 없는 앤을 대신해 나와 게일은 아홉 살 난 앤의 아들 브라이언을 봐주었다.

그러던 어느 날 게일이 급하게 달려와 앤이 아프다며 뭔가 조치를 취하지 않으면 위험할 것 같다고 말했다. 서둘러 앤의 집에 가서 상태를 보니, 열이 올라 얼굴이 무척 뜨겁고, 눈도 제대로 못 떴으며, 발음마저 분명치 않았다.

"준비해, 게일. 당장 응급실에 가야겠다."

40도가 넘는 열과 치명적인 감염 때문에 앤은 즉시 정맥에 항생주사를 맞았고, 18일 동안이나 병원에 입원해 있어야 했다. 그때 그곳에서 나의 영혼에는 다시 진실한 크리스마스의 기적이 스며들었다. 나는 매일 앤을 보살피기 시작했고, 우리는 굉장히 많은 이야기를 나누며 가까워졌다.

나는 그녀가 나와 같은 그리스도 신자이며, 그녀의 생일이 내 생일 바로 다음날인 7월 15일이라는 사실을 알게 됐다. 그리고 그녀가 부은행장이 되고 싶어한다는 것도 알았다. 나 또한 베트남 군 복무 중에 처음 알게 된 선교단체를 지원하러 언젠가는 인도네시아에 가고 싶다는 계획을 밝혔다. 우리는 그렇게 서로의 과거와 미래, 그리고 희망을 나누는 소중한 시간을 가졌다.

특히 내가 장애인 시설에서 겪은 최근의 경험담을 이야기할 때, 그녀의 눈은 반짝거렸다. 앤은 장애인들과 함께 생활하는 시설에 대해 무척이나 궁금해했다.

앤이 퇴원한 뒤 우리는 함께 보내는 시간이 더 많아졌다. 같이 쇼핑도 했는데, 나도 함께 사용하겠다는 조건하에 그

녀는 게임기도 샀다. 내가 게임도구를 조립하는 동안 그녀
는 내게 댈러스 홈의 노래 'Rise Again' 을 들려주었다.

게일과 나는 아파트를 소개해준 보답으로 앤을 저녁식사
에 초대하기도 했다. 나는 앤과 함께하면서 어느덧 어두운
상처에서 벗어나 밝은 햇살 속에 서 있는 기분을 느꼈다.

나의 22년의 결혼생활은 3년 전에 끝나버렸다. 나는 혼
자서도 잘할 수 있다는 허세 때문에 뒤늦게야 내가 삶을 함
께 나눌 누군가를 바라고 있다는 사실을 깨닫게 되었다. 그
것은 내 마음의 창에 쳐 있던 커튼을 앤이 열어주었기 때문
이었다.

앤의 결혼생활 역시 7년 전에 끔찍하게 끝이 났다고 했다.

어느 저녁, 우리는 서로 다시는 결혼 같은 건 하고 싶지
않다고 얘기했다. 어찌 되었건, 그것은 우리가 계속 해왔던
대화의 주제였다. 그러는 동안 앤과 나, 그리고 브라이언과
게일은 점점 가까워졌고, 우리는 너무나 자연스럽게 가족
이 되어갔다.

그러던 어느 날, 나는 앤에게 조용히 말했다.

"만약 당신 같은 사람이 나와 기꺼이 결혼해준다면, 결

혼이란 걸 다시 고려해보고 싶습니다.”

앤은 깊은 생각에 잠긴 듯한 얼굴로 대답했다.

“만약 나와 함께하고자 하는 당신 같은 남자를 찾아낸다면, 저 역시 다시 결혼하겠어요.”

말을 꺼내기는 했지만 앤의 반응은 너무나 뜻밖이었다. 앤의 말에 너무 흥분한 나는 무턱대고 “7월 16일이 좋지 않을까요?”라고 말해놓고는 스스로도 깜짝 놀랐다. 더군다나 “그래요. 저도 그날이 좋다고 생각해요”라고 앤이 대답하는 바람에 더욱 놀라고 말았다.

“잠깐만요!”

나는 거의 부르짖듯이 말했다.

“지금 내가 꿈꾸던 일이 실제로 벌어지고 있는 건가요?”

앤은 내 얼굴을 향해 환하게 미소 지으며 대답했다.

“나는 당신이 좋아요. 결혼하고 싶을 만큼. 당신 생각은 어때요?”

우리는 처음 만났을 때부터 서로 좋아했었다는 것을 확인했고, 이제 우리들의 사랑을 친구들에게도 알릴 때가 되었다는 것을 서로에게 고백했다. 우리의 아이들인 게일과 브라이언은 매우 기뻐했고, 앤의 부모님도 마찬가지였다.

목요일과 금요일에 내 생일과 애니(나는 그녀를 애니라는 애칭으로 불렀다)의 생일을 차례로 축하한 뒤, 1983년 7월 16일 애니와 나는 애틀랜타 근처에 있는 스톤마운틴 파크의 캐릴론에서 결혼했다. 드디어 삶과 종교 안에서 결혼으로 묶인 부부가 된 것이다.

친구들과 가족, 그리고 그날 공원에 있던 낯선 사람들 모두가 우리 결혼식의 증인이 되어주었고, 축하해주었다. 그 모든 사람들이 우리에겐 선물이었고, 우리의 사랑은 축복받았다. 그날의 모든 일들은 크리스마스가 무엇인지 우리에게 말해주는 것 같았다. 사랑, 그리고 선물 …… 크리스마스에나 넘치는 줄 알았던 그것들이 우리를 향해 따뜻하고 밝은 햇살처럼 쏟아져 내리는 듯했다.

그 누가 7월엔 크리스마스가 오지 않는다고 했던가?

고통받는 산타
The Suffering Santa-in-Making

⭐ 신혼여행을 다녀온 며칠 뒤, 애니가 갑작스런 아랫배 통증을 호소했다. 시간이 지날수록 그녀의 상태는 점점 심각해져 결국 한밤중에 응급실로 옮겨졌다. 그녀는 강한 진통제를 맞고 환자 수송용 침대 위에서 순식간에 잠이 들었다. 나는 그녀가 잠이 든 것을 확인한 뒤 그녀의 침대 옆 맨바닥에서 잠을 청했다.

다음날 아침, 외과 의사들이 애니의 상태를 정확히 알아보기 위해 모의 수술을 했지만, 아무런 성과를 얻지 못했다. 사실 그것은 그녀의 병상 생활의 시초에 불과했다. 그녀는 그 이후로도 아홉 번의 수술과 수년간에 걸친 52회의

입원을 감당해야 했다. 그리고 나는 그중 대부분의 시간을 병원 침대나 의자, 또는 맨바닥에서 잠을 청하며 그녀 곁을 지켰다. 훗날 애니는 불가사의하게도 수술이 계속됨에 따라 고통도 점점 사라져갔다고 회상했다.

애니 역시 병실에서 내 곁을 지키며 수많은 밤을 보냈다. 내가 심장 카테터법(나일론제의 가는 관을 넣어 심장의 기능이나 혈액 상태를 알아보는 수술―옮긴이)을 시술 받았을 때, 혈관 형성술(자신의 혈관 혹은 인공 혈관 등으로 혈관을 고치거나 형성하는 일―옮긴이)을 받았을 때, 그리고 여섯 번의 바이패스(관동맥 우회로술―옮긴이) 수술을 받았을 때 애니는 나를 극진히 간호했다.

이렇듯 우리의 삶은 늘 달콤하지만은 않았다. 하지만 애니와 나는 고통이 우리를 현재보다 더 나은 사람으로 만들어준다고 확신했다. 우리가 삶의 고통을 겪어보지 않았더라면, 과연 다른 사람들의 좌절과 상처, 쓰라린 아픔을 이해할 수 있었을까?

산타의 일터
First, the Workshop

애니와 결혼한 후, 내 직장생활은 탄탄대로를 걷고 있었다. 근무성적이 좋은 세일즈맨으로 세일즈상과 보너스도 꽤 많이 받았다. 하지만 나는 새로운 친구인 장애우들과 더 많은 시간을 보낼 수 있기를 바랐다.

애니 역시 그 친구들과 함께 시간 보내는 것을 좋아했다. 그녀는 열성적으로 그들을 도왔고, 그 친구들에게 필요한 일은 무엇이든지 했다. 그런 애니를 보면서 장애우들을 위한 봉사에 더욱 헌신하겠다는 결심이 저절로 우러나왔다. 그리고 얼마 후 우리는 함께 그 친구들을 도울 수 있는 방법을 찾기 시작했다.

그런데 신기한 일이 일어났다. 우리가 남들을 위해 봉사할수록 나의 영업 실적이 놀라운 수준으로 올라가기 시작했다. 다른 때보다 특별히 영업에 힘을 쏟은 것도 아니었는데 말이다. 그런 상황을 경험하면서 나는 하느님께서 나를 보살펴주고 계시다는 것을 깨닫게 됐다.

애니는 그런 깨달음을 얻게 되는 현상에 대해 더 큰 책임감을 느끼게 되었고, 사랑과 믿음에 대한 그녀의 신념도 한층 더 깊어졌다. 그래서 그녀는 휠체어를 타는 우리의 친구들을 더 많이, 더 편리하게 수용할 수 있는 큰 밴을 새로 사자고 제안했다. 나 역시 흔쾌히 동의했으며, 우리는 밴을 새로 사기 위해 저축해두었던 250달러를 쓰기로 했다.

우리는 사실 돈이 충분한 상황은 아니었지만, 하느님께서 우리에게 필요한 돈을 알아서 마련해주실 거라는 믿음 때문에 걱정되지 않았다. 불가능한 일이 뭐가 있겠는가? 하느님은 내 삶과, 내 일터와, 내 가정과, 내 이웃 안에서 언제나 아름다운 기적을 만들어 나를 놀라게 하셨다. 그런 하느님께서는 진실한 마음으로 사랑을 실천하려는 우리에게 분명 또 다른 기적을 마련해주실 터였다. 우리는 그렇게 굳게 믿었고 그것은 우리의 가장 강력한 원동력이었다.

그리고 예상대로 우리에게 도움의 손길이 찾아왔다. 마운트카멜 교회의 잭 밸러드 목사가 장애인들을 위해 봉사하는 우리에게 재정적인 도움을 주고 싶다고 제안했다.

애니와 나는 잭 밸러드 목사의 제안이 참으로 경이로웠다. 우리가 교회 측에 도움을 요청한 적이 없었음에도 불구하고 그쪽에서 먼저 전화를 해온 것이다. 더 이상 밴을 사기 위해 우리 개인의 통장 잔고를 걱정할 필요가 없어졌다. 이를 계기로 우리는 사랑과 나눔에 대한 더 큰 꿈을 꾸기 시작했다. 그리고 우리 앞에 놓인 과제와 기적들이 궁금해지기 시작했다.

애니와 나는 장애인들 곁에서 그들을 돕는 일이야말로 우리가 다른 사람에게서 받은 도움에 보답하는 길이라고 생각했다. 우리는 휠체어와 각종 의료 기기를 수리하는 일을 하기로 결심하고 1986년 9월 26일, 장애인들이 필요로 하는 것을 생산하는 'Friends of Disabled Adults, Inc.(FODA)'라는 회사를 설립했다. 회사 설립을 준비하는 6개월 동안 나는 세일즈 일을 정리했고, 회사가 문을 열자 애니와 함께

FODA를 운영하기 시작했다.

우리는 수리물품을 조립했고, 가정집이나 교회에서 장애인들에게 필요할 만한 설비들을 기증받았다. 어떤 이들은 내게 '산타의 일터로 뛰어들어간 요정'이라고 말하곤 하는데, 산타인 내게 클로스 부인이 없었더라면 아무것도 하지 못했을 것이다. 아내는 내가 주변 이웃들을 위해 한결같이 헌신하고 마음 쓸 수 있도록 충고와 지원을 아끼지 않았고, 내가 애틀랜타 크리스천대학에서 신학 학위를 딸 수 있도록 묵묵히 도와주었다.

제대군인원호법의 혜택으로 나는 직장에 다니면서 대학의 야간 수업을 들을 수 있었다. 그러다가 1987년 가을부터는 학교 수업에만 매진할 수 있게 되어 2년 뒤인 1989년 5월에 무사히 졸업을 했고, 교회 목사로 안수도 받았다.

나는 조금씩 산타로 거듭나고 있었던 것이다. 이로써 많은 사람들에게 크리스마스의 행복을 선물해주는 기쁨의 전도사로서의 삶에 한 발자국씩 다가서고 있었다. 물론, 내게 있어서 크리스마스는 내가 산타 역할을 하는 날이라는 것보다 사람들의 마음이 사랑으로 따뜻해지는 기적의 시기라

는 점에서 더 큰 의미로 다가왔다. 모든 일은 현상 자체보
다도 그 현상을 가능하게 하는 마음이 더 귀하고 중요한 것
이다.

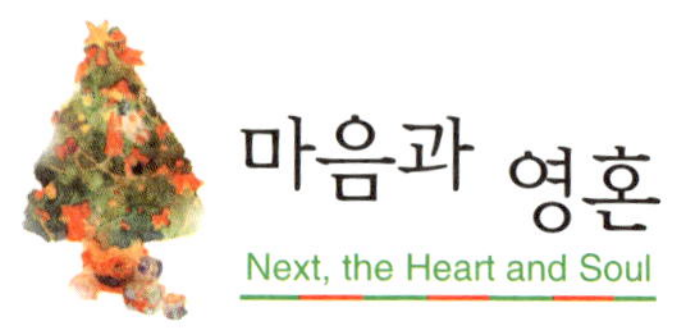

마음과 영혼
Next, the Heart and Soul

FODA를 세운 지 1년이 지났을 때, 나는 우리 교회로부터 산타가 되어달라는 요청을 받았다. 우리 교회에서는 크리스마스를 맞아 '노래하는 성탄 트리(Living Christmas Tree)'라는 프로그램을 준비했는데, 그 프로그램을 진행해줄 산타가 필요했던 것이다.

지금이야 산타 경력 40년의 관록이 묻어나지만, 그때 당시의 나는 턱수염조차 없었음에도 불구하고 그런 제안을 받게 된 걸 보면, 아마도 마운트카멜 교회 사람들이 내게서 미숙하나마 사랑과 나눔의 상징인 산타의 모습을 발견한 것 같다. 나는 갑작스러운 제안에 당황했지만, 산타를 떠들

썩하게 반겨줄 꼬마들을 만난다는 기대감으로 그 일을 흔쾌히 수락했다. 그리고 산타 역할을 제대로 해내기 위해 아름답긴 하지만 어색하기 짝이 없는 가짜 수염도 달았다.

그리고 '노래하는 성탄 트리'를 진행하면서 가짜 수염의 불편함을 뼈저리게 느끼게 되었다. 저녁 프로그램에 참가한 한 아이가 내게 쿠키를 건네주고는 내가 그것을 먹을 때까지 옆에 서서 침착하게 지켜보고 있었다. 나는 가짜 턱수염과 콧수염 사이에 파묻혀 있는 입으로 쿠키를 겨우 집어넣으며 어색하게 웃었다. 덥수룩한 가짜 수염을 단 채 음식을 먹는 건 정말이지 곤욕스러운 일이었다. 나는 그 일을 계기로 다음해 크리스마스 때부터는 진짜 수염을 길러야겠다고 결심했고, 그것을 바로 실행에 옮겼다. 그렇게 조금씩 나는 진짜 산타가 되어가고 있었다.

그 다음해인 1988년 크리스마스에는 탐스런 수염이 나의 얼굴에 멋지게 자리잡고 있었다. 거울에 비친 내 모습을 바라보며, 나는 산타를 연기하는 아름다운 일을 잘 해내고 싶었고, 나아가 진정한 산타가 되고 싶다는 생각을 했다. 그리고 분명 그럴 수 있을 거라고 믿었다. 그러고는 나의 클로스 부인, 즉 애니를 바라보았다. 그녀는 아이들을 안아주거나, 등을 톡톡 두들겨주거나, 항상 아이들의 얘기를 열린 마음으로 들어주면서 따뜻한 사랑을 베풀었다. 나는 아이들에게 다정하고 푸근하게 다가서는 애니의 모습이야말로 산타 부인의 전형이라고 생각했다. 하느님의 무조건적인 사랑이 그곳에서 그렇게 구현되고 있었다.

애니와 나는 그 프로그램이 끝난 뒤 집에 돌아와 아이들이 산타 곁에서 얼마나 놀라고 기뻐했던가를 서로 얘기하며 뿌듯함을 느꼈다. 또한, 한순간의 이익만 생각하는 비도덕적인 엉터리 산타들에 대한 애기도 몇몇 사람들에게서 들었으며 그때마다 내 속의 용기가 쪼그라드는 것을 느꼈음을 털어놓았다. 하지만 그런 용기 없는 생각은 곧 긍정적인 방향으로 정리되었다. 진정한 산타 역할을 수행하는 그 자체와, 그로 인해 생기는 물질적인 도움들을 어려운 이웃들에게 전달해주는 임무가 얼마나 아름다운 헌신인가에 대해 자부심을 갖기로 한 것이다. 엉터리 산타가 더러 있다 해도 상관없다고 생각했다. 나만은 사랑과 기적의 다른 이름인 산타의 역할을 진심으로 수행하면 그만이었다.

나는 산타 일을 시작하면서 산타의 전설에 대해 관심을 갖기 시작했는데, 최초의 산타는 성 니콜라스로, 성서에 등장하는 동방박사가 아기 예수에게 선물을 바쳤던 것을 모방해 어린이들에게 선물을 나눠주면서 산타로 알려지기 시작했다고 한다.

성 니콜라스는 수년에 걸쳐 산타클로스로서 점점 더 유명해지게 되었다. 하지만, 클레먼트 무어의 시 '크리스마스 전날 밤(The Night Before Christmas)'과 헤이든 선드블룸의 코카콜라 광고의 일러스트로 등장하면서 상업화되어버렸다. 본래의 성스러운 이미지를 걷어버리면 산타는 오히려 크리스마스의 진정한 의미를 방해하는 존재가 되고 만다.

그렇다면 나는 과연 산타에 관한 무성한 추측들과 비판을 뒤로하고, 진짜 성 니콜라스 이야기와 아기 예수와 동정녀 마리아에게 동방박사가 바친 위대한 크리스마스 선물로 사람들의 관심을 돌려놓을 수 있을까?

그리고 한 아이가 그들을 이끌게 되리라

그 시기에 나는 우연히 교회에서 바버라 콘과 다운증후군을 앓고 있는 그녀의 딸 어네트를 만났다. 콘 모녀는 항상 현관문을 통해 교회로 들어와 예배당으로 내려가곤 했다. 그러던 어느 날, 예배가 끝나고 어네트가 교회 직원과 함께 점심을 먹고 있는 것을 봤다.

그리고 잠시 후, 28세의 작은 숙녀 어네트가 갑자기 내게 다가오더니 작은 종이 한 장을 건네며 수줍게 말했다.

"이건 내가 받고 싶은 크리스마스 선물 목록이에요. 산타할아버지, 할아버지를 만나서 이 쪽지를 전해줄 수 있어서 정말 다행이에요."

어네트는 이 한마디를 남기고는 씩씩하게 걸어서 문밖으로 나갔고, 그때까지 나는 아무런 대답도 하지 못한 채 어안이 벙벙한 표정으로 서 있었다.

그때 교회의 담임 목사인 잭이 다가와 미소를 지으며 말했다.

"정말 귀엽지 않은가?"

그러고는 함께 선물 목록을 보자고 했다. 쪽지를 펼쳐보니 제일 위에 적힌 타자기를 빼고는 모두 여느 열 살짜리 아이의 선물 목록과 다를 게 없었다. 그 선물 목록을 보게 된 다른 사람들의 반응도 나와 같았다.

저녁 예배가 시작되자 잭은 설교단 위에 서류철을 올려놓고 나를 똑바로 바라보며 말했다.

"사실 저는 오늘밤 설교에서 할 얘기를 미리 준비해뒀었습니다."

그 말을 한 다음 잭은 준비해온 서류철을 설교단 밑 선반으로 밀어넣으며 말을 이었다.

"하지만 저는 오늘 다른 얘기를 할까 합니다. 점심시간에 목격한 아름다운 장면을 여러분께도 알려드리고 싶기 때문입니다. 그런 순간을 함께할 수 있다는 건 하느님의 은총이 아닐 수 없습니다.”

잭 목사는 신자들에게 어네트가 내게 주고 간 선물 목록에 대한 얘기를 하기 시작했다. 잭은 어네트의 얼굴에 나타난 확고한 믿음이 얼마나 순수한 것이었는지를 얘기했다. 그리고 어린아이들만이 천국에 갈 수 있다는 성서 말씀을 예로 들면서, 어린아이들과 그들의 믿음이 천국에 비유되는 이유를 설명했다. 그는 어린아이들이 산타클로스와 소통하는 모습을 볼 때마다 우리 어른들이 믿음에 대한 교훈을 얻을 수 있다고 말했으며, 또한 산타가 왜 하느님의 무조건적인 사랑의 한 예가 될 수 있는지 설명했다.

한참 설교를 하던 잭 목사는 갑자기 내게 아직 어네트의 선물 목록을 가지고 있냐고 물었다. 나는 당황하며 주머니를 뒤적거렸다. 내가 선물 목록을 찾아 앞으로 가지고 나가자, 잭은 사람들에게 예배가 끝난 후 나를 만나 선물 목록을 하나씩 지울 것을 제안했다.

“자신이 지운 선물을 직접 마련해 다가오는 일요일에 에드에게 주면, 그가 어네트의 집을 방문해 선물을 전해줄 수 있을 겁니다."

예배가 끝난 뒤, 나는 이 특별한 크리스마스 이벤트에 참여하고자 몰려든 사람들에게 둘러싸여 숨이 막힐 지경이었다. 장례식장을 운영하고 있는 누군가는 IBM 셀렉트릭 타자기를 기증하겠다고 했고, 그 외 선물을 준비하겠다는 사람들로 인해 어네트의 선물 목록은 금세 지워졌다. 나는 그날 밤처럼 사람들이 스스로 넘쳐나는 사랑에 행복해하는 모습을 본 적이 없다.

다음 일요일, 사람들은 어네트에게 줄 선물을 들고 나를 찾아왔고, 나는 그것들을 모두 밴에다 실었다. 어네트에게 선물을 주고 싶은 사람들과 그 열정이 넘쳐났기에, 중복되는 물품들이 많아서 밴에 실은 짐의 양이 꽤 많았다. 애니와 나는 중복된 선물들까지도 전부 다 어네트에게 전해주기로 마음먹었다.

12월 23일, 드디어 애니와 나는 마을 외곽의 헨리 카운티에 위치한 짐과 바버라 콘의 집으로 갔다. 애니와 나는 아주 무거운 선물 꾸러미를 들고 가야 했지만, 마음만은 하늘을 날 것처럼 가벼웠다. 나는 어네트가 어떤 반응을 보일지 궁금해하며 벨을 눌렀다. 곧 어네트가 문을 열어주었고, 우리를 발견한 어네트는 신이 난 목소리로 엄마에게 보란 듯이 말했다.

"엄마, 산타클로스예요. 내가 그랬죠? 산타가 꼭 올 거라고요!"

나는 산타가 반드시 올 거라고 확신하는 어네트의 천진무구한 표정과 몸짓에서 다시 한 번 완전한 믿음을 발견했다. 어네트는 우리가 들어올 수 있도록 문 옆으로 살짝 비켜섰다. 그 몸짓 하나하나에 기쁨이 고스란히 묻어 있었다.

나와 애니가 현관에 들어서자 그녀는 거실로 들어가라는 손짓을 했다. 우리는 거실로 들어가 앉은 채로 선물 꾸러미들을 마루 위에 줄지어 늘어놓았다. 그리고 어네트의 부모와 함께 어네트에게 선물을 하나하나 건네주기 시작했다. 그녀는 기뻐서 펄쩍펄쩍 뛰었다. 그녀의 기쁨은 단순히 산타가 가져온 선물 때문이 아니라, 산타에 대한 무조건적인 믿음이 바보 같은 생각이 아니었다는 게 가족들 앞에서 증명된 데에 있었다. 그녀는 산타가 반드시 자신의 선물을 가져다줄 것을 단 한 번도 의심하지 않았던 것이다.

애니와 나는 어네트의 순수한 믿음과 신뢰를 고스란히 온 존재로 느끼면서 잠시 충격에 휩싸였다. 만약 이 세상 모든 사람들이 어네트와 같은 마음으로 하느님의 약속을 그저 굳게 믿는다면, 하느님의 말씀이 곧 진리임을 의심하지 않는다면? 이런 생각으로 묘한 흥분감까지 느껴졌다.

나는 어네트를 보면서 하느님의 사랑을 아이들에게 나누어주는 것이 바로 산타클로스의 가장 큰 임무임을 믿게 되었다. 애니와 나는 우리가 믿게 된 것을 앞으로 어떻게 실천해나갈 것인가를 오랫동안 진지하게 의논했다. 그리고 다음해에 열릴 '노래하는 성탄 트리'에서도 산타가 되어 아이들 앞에 나타나리라 결심했다. 하지만 그때만 해도 그 프로그램에서의 산타 역할이 우리가 생각했던 것 이상의 운명적 사건이 될 거라는 것을 감히 예상하지 못했다.

스카우트된 산타
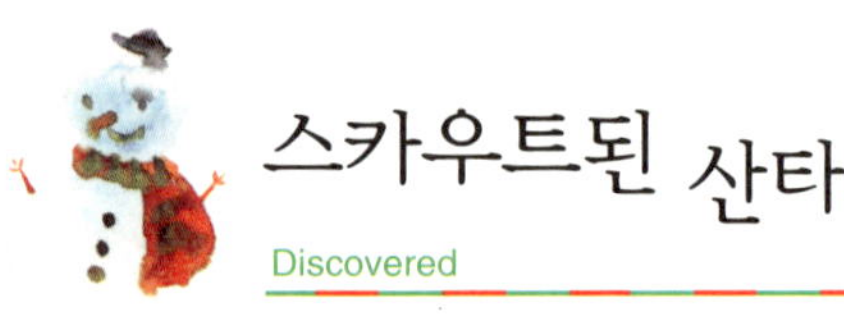

⭐ 1989년 가을, 애니와 나는 스톤마운틴의 한 중국 음식점에서 식사를 하고 있었다. 그런데 세 테이블 정도 떨어진 테이블에 앉은 한 여인이 내게서 눈을 떼지 못하는 것을 느꼈다. 나는 점점 불편해지기 시작했다. 이제껏 그 누구도 나를 그렇게 노골적으로 관찰한 적은 없었다. 혹시 내가 아는 사람인데 기억을 못하는 게 아닌가 해서 애니에게도 살짝 물어보았다. 하지만 애니 역시 처음 보는 여자라며 의아해했다.

결국 그 여자는 함께 온 친구와 식사를 마치고 식당을 나가면서 우리가 있는 테이블에 다가와 말을 걸었다.

"혹시 직업 산타세요?"

나는 아니라고 대답했다.

"직업 산타는 아니지만, 그것도 재미있겠군요."

그녀는 전국에 있는 쇼핑몰에 산타를 배치하는 일을 하는 사람이라고 자신을 소개했다. 며칠 후 그녀는 내게 전화를 해 포트로더데일에 있는 쇼핑몰에서 산타 일을 해줄 수 있느냐고 물었다. 나는 내 일터에서 그렇게 멀리는 떠날 수 없었기 때문에 거절했다. 하지만, 직업 산타로서의 삶에도 자꾸만 흥미가 생겼다. 그래서 광고 에이전시에서 일하는 친구에게 전화해 탤런트 에이전트를 소개받았고, 그 에이전트는 나를 애틀랜타 북부의 그위네트플레이스 몰에 배치시켜주었다.

세 명의 산타가
쇼핑몰에 나타나다
Illusions at the Mall

탤런트 에이전시의 테드가 산타들을 담당하는 사람들, 즉 홍보 담당이나 크리스마스 행사에 동원되는 직원들의 관리자를 만날 일정을 짜는 것을 보면서 낯설고 신기한 생각이 들었다. 그는 내가 그위네트플레이스 몰에서 산타 행사를 할 수 있도록 시간 조정을 하기 위해 관리자를 만나려고 한 것이다. 나는 그런 과정들이 모두 낯설게만 느껴졌다.

그위네트플레이스 몰에서는 세 명의 산타가 4시간씩 교대로 12시간 동안 일한다고 했다. 그 사실을 알게 된 내 머릿속이 복잡해졌다. 단 4시간 만에 어떻게 산타로서의 내

재량을 보여줄 수 있을 것인가? 내게는 행사에서 입을 옷도, 아이들에게 보여줄 특별한 이벤트도 없었다.

그 누가 알았겠는가? 산타가 자신의 겉모습을 두고 고민에 빠지게 될지. 물론 나의 주된 고민은 외모보다는 내가 과연 산타로서의 자격이 있는가였지만 말이다. 내게는 산타 일에 대한 충분한 자신감이 없었기에 무슨 준비를 어떻게 해야 할지조차 알 수 없었다.

"그냥 가보세요. 그리고 있는 그대로의 당신 모습을 보여주세요."

애니가 애정 어린 조언을 해주었지만 나는 그녀의 말에 자꾸 의구심이 들었다.

"만약 내 모습 그대로를 보여준다면, 쇼핑몰 직원들은 아이들에 대한 내 생각을 눈치챌 테고, 그럼 절대로 날 고용하지 않을 거요."

이런 저런 고민 끝에 나는 빨간 니트와 셔츠를 입고 쇼핑몰로 향했다.

낯선 장소에 도착하자 긴장되기 시작했다. 사무실을 찾아다니면서 많은 가게들을 지나쳤다. 내 모습을 본 사람들은 어른, 아이 할 것 없이 놀란 듯 가던 길을 멈추고 다시 뒤를 돌아보았다. 나 역시 놀랐다.

하지만 내가 그들 책상 앞에 나타난 뒤 불과 몇 초 후에 나타난 다른 산타를 본 스태프들이 놀란 것만큼은 아니었다. 나는 나와 비슷한 체격과 나이에 나처럼 머리가 벗겨졌지만 나와는 달리 안경은 쓰지 않은 '돈'이라는 이름의 산타에게 나를 소개했다. 내가 조금이라도 먼저 도착했으니 나를 첫 번째 산타라고 치고, 돈을 두 번째 산타라고 치겠다. 아무튼 나는 돈을 보면서 우리 둘이 바뀌어도 아무도 눈치채지 못할 거라는 생각이 들어 웃음이 나왔다. 곧이어 세 번째 산타가 도착했다.

세 번째 산타 '어니스트'는 체구가 나와 돈의 반 정도밖에 안 되었다. 그의 나이는 적어도 70대 중반으로 보였고, 귀가 어두운 게 분명한 데다, 수염은 고르지 못하고 들쑥날

쑥했다. 그는 카우보이 모자를 쓰고 카우보이 부츠를 신고 있었다. 그는 나와 돈을 보자마자 초보인지를 물어 확인하더니, 아마도 자신이 애틀랜타에서 제일가는 인기 산타일 것이라고 자랑하기 시작했다. 그는 우리에게 산타로서의 바람직한 행동에 대해 강의하기 시작했고, 우리는 초보자답게 그의 말을 주의깊게 들었다. 경험 많은 어니스트를 통

해 산타의 자세에 대해 배울 게 많다고 생각했기 때문이다.

그때 우리의 직속 관리자가 도착했다. 그녀는 쾌활하고 젊은 여인이었는데, 그위네트플레이스 몰에서 몇 년째 일해온 사람이었다. 그녀가 산타로서의 바람직한 행동에 대해 어니스트보다 잘 알 거라는 건 누가 봐도 명백한 사실이었다. 그녀는 우리가 해야 할 일에 밑줄이 그어져 있는 소책자를 나누어주고는 나중에 주의깊게 읽어보라고 말했다. 그러고는 우리에게 어떤 시간에 일하고 싶은지 물어보았고, 우리는 각자 일할 시간을 분배했다. 어니스트는 오전 10시에서 2시까지인 첫 번째 시간대를 선택했다. 나는 그 다음 시간인 오후 2시에서 6시를 선택했고, 낮에는 다른 일을 해야 했던 돈이 저녁 시간대인 오후 6시에서 밤 10시를 선택했다. 이어서 우리는 홍보 담당 부서의 관리자와 짧게 그룹 인터뷰를 했고, 그 다음엔 우리의 직속 관리자가 우리들의 출입구와 주차장, 그리고 탈의실 등의 위치를 일러주었다.

모든 주의사항을 다 들은 다음에 우리 세 산타는 쇼핑몰 안을 걸어다녔다. 걷다 보니 문득 산타로 보이는 세 남자가 쇼핑몰을 함께 활보하는 모습이 사람들에게 어떻게 보일지 신경이 쓰이기 시작했다. 역시나 사람들의 시선은 모두 우리들에게 쏠려 있었다. 나는 그중 특히 어린이들의 시선이 불편하게 느껴졌다. 아마도 어린이들에게만은 산타가 신비하고 유일한 대상으로 여겨지길 바라는 평소의 생각 때문이었을 것이다.

우리의 직속 관리자는 쇼핑몰 안의 빈 상점에 위치한 탈의실을 보여주면서 회사에서 우리에게 지급한 멋진 의상을 입어볼 기회를 주었다. 그녀는 또 우리가 주차해야 할 곳을 안내해줬고, 그곳에서 탈의실까지 오는 길도 알려줬다.

나는 주차장에서 탈의실까지 가기 위해 시어스(미국의 통신 판매회사 ─ 옮긴이)의 정문을 가로질러 가야 한다는 것에 실망했다. 그녀의 계획에 의하면, 우리가 각각 탈의실로 가서 옷을 갈아입고 기다리는 동안, 전 시간대의 산타는 교대를 위해 행사장을 떠나 탈의실로 온다. 그리고 5분쯤 뒤 새로운 산타가 탈의실에서 나와 행사장으로 간다(나는 덩치가 작은 어니스트에 이어 등장하는 내 모습이 어떻게 보일지 걱정이었다). 그러면 전 시간대의 산타는 평상복으로 갈아입고 자

신이 언제 산타였냐는 듯 쇼핑몰을 가로질러 떠나는 것이
다. 어니스트에겐 여전히 수염이 달려 있을 텐데 말이다.
나는 아무리 직업 산타라지만 거짓인 게 너무 뻔히 보이도
록 짜여 있는 교대 방법이 마음에 들지 않았다.

쇼핑몰 안을 둘러본 뒤 어니스트가 몰 안의 레스토랑에
서 뭐라도 간단히 먹는 게 어떻겠냐고 해서 우리 세 산타는
다시 몰 안으로 들어갔다. 우리는 어디를 가나 굉장히 많은
사람들의 시선을 받기 때문에 나는 그 순간 앞으로 다시는
그 어떤 장소에서건 산타들과 몰려다니지 않겠노라고 결심
했다. (나는 그때 이후, 상점과 레스토랑에서 사람들이 많아지면
가능한 한 빨리 그곳에서 사라져버리는 습관이 생겼다.) 직업
산타들이 아이들 눈앞에서 떼로 몰려다니는 어이없는 상황
은 어떻게 해서든 막고 싶었다.

나는 집에 돌아와서 아내 애니에게 나의 이런 고민을 털
어놓았다. 그러자 애니가 부드럽게 말했다.

"당신도 알잖아요. 정말로 아이들을 사랑하는 사람만이
그런 고민을 할 수 있다는 걸요."

커다란 변신
The Big "Do"

⭐ 그위네트플레이스 몰의 산타 관리자는 우리 세 산타에게 페리미터 몰 헤어포스 미용실의 조이스에게 연락해보라고 조언해주었는데, 사실 내가 봐도 내 머리가 단정치 못했기 때문에 나는 바로 다음날 미용실로 전화를 걸었다. 조이스는 내가 처음 산타가 되는 바로 전날 10시로 예약해놓겠다고 했다. 또 나머지 두 산타의 머리도 손질해주겠다고 덧붙였다.

미용실에 가던 날, 페리미터 몰 로비를 주의깊게 살핀 뒤, 남이 볼세라 재빨리 미용실 안으로 뛰어들어갔다. 하지만 미용실 사방이 투명한 유리면으로 둘러싸여 밖에서도 내부가 훤히 들여다보인다는 것을 확인하자, 이내 체념할 수밖에 없었다. 먼저 와 있던 어떤 산타 두 명이 나란히 앉아 머리를 다듬고 있었는데, 그 풍경을 쇼핑몰 입구를 드나드는 사람 모두가 볼 수 있었다.

조이스는 몹시 바빠 보였지만, 친절하게 의자를 내밀며 "앉으세요"라고 말했다. 자리에 앉은 나는 익숙지 않은 미용실 환경에 적응하기 위해 주변을 둘러보기 시작했고, 멋쩍은 기분을 조금이라도 줄이기 위해 두 산타에게 말을 붙였다. 우린 서로 악수했으며, 그중 한 명이 내게 산타 일이 처음이냐고 물었다. 내가 그렇다고 말하며 고개를 끄덕이자 그는 수백 명의 아이들이 자신의 무릎 위를 거쳐 간 일이 어떤 면에서 좋았는지를 줄기차게 떠들었는데, 점잖지 못한 표현으로 일관했다. 내가 그의 얘기를 들으며 느낀 것은 '저런 산타는 되지 말아야겠다' 는 것뿐이었다. 그는 나를 비롯해 미용실 직원과 여러 여자 손님들에게도 매우 무례한 태도로 일관했다.

다른 한 명의 산타는 다행히 좋은 본보기가 될 만한 사람이었다. 그는 신시내티의 한 쇼핑몰에서 올해로 두 번째 산타 경험을 하게 됐다고 했다. 나는 앞의 산타의 지저분한 입에서 해방돼 그에게 몇 가지 소중한 조언을 듣게 됐다.

"모든 아이들을 안으려고 하지 마세요. 모든 아이들이 다 무릎에 앉는 걸 좋아하는 건 아니거든요. 그리고 아이들의 손이 어디에 있는지 계속 관찰해야 해요. 그래야만 수염을 잡아당기는 걸 막을 수 있어요."

우리가 얘기를 나누는 동안 조이스는 우리 사이를 오가며 머리를 감기고, 염색하고, 다시 감기고, 색상을 맞추고, 말리고, 또 염색하고, 빗질하고, 정리한 뒤 스프레이를 뿌려 마무리했다.

전에는 이렇게 복잡하고 힘든 고문을 겪어본 적이 없었지만, 그래도 자신이 변해가는 모습을 지켜볼 수 있다는 즐거움으로 50여 분의 시간을 꿋꿋이 버틸 수 있었다.

우리는 서로 그리 닮진 않았지만, 둘 다 산타할아버지와는 많이 닮아 있었다. 나는 그와 나를 번갈아 보면서 한 가지 교훈을 얻었다. 모든 산타들이 서로 닮지는 않았지만, 산타 이미지에는 들어맞는다는 것!

"어떠세요?"

조이스가 마침내 머리 손질을 끝내고 물었다. 그녀가 거울을 볼 수 있게 우리들의 의자를 돌려주었을 때, 나는 거울에 비친 내 모습을 보고 엄청난 충격을 받았다.

정말 놀라웠다! 어느 멋진 산타할아버지 한 분이 나를 바라보고 있는 것이 아닌가!

산타로 완벽하게 변신한 내 모습을 보면서 나는 산타로서의 소명을 되찾은 듯했다. 그저 '닮았다' 정도가 아니라, 내가 간절히 되길 원했던 바로 그 사람이 눈앞에 있었다. 내 모습은 사랑이 가득 차 보였고, 이런 내 모습을 하루라도 빨리 모든 아이들에게 보여주고 싶었다.

내가 코트를 입고 나갈 채비를 하자, 조이스는 샴푸, 헤어컨디셔너와 함께 계산서를 내밀었다. 그걸 본 난 또 한 번의 충격을 받았다. 104달러 65센트라니! 돈 없으면 산타도 못 하겠구나 싶었다. 하지만 이런 충격에도 불구하고 나는 이 순간순간을 하나도 빠짐없이 기억해두고 싶었다. 내 마음뿐 아니라 겉모습까지도 완전한 산타로 거듭나는 순간이었기 때문이다.

다른 두 산타보다 30분 늦게 미용실을 나왔지만, 나는 사람들의 시선이 예전보다 더 많이 날아오는 것을 느낄 수 있었다. 아이들뿐만 아니라 어른들까지, 심지어 아이를 동반하지 않은 어른들조차 나를 보며 환하게 미소 짓거나 손을 흔들었다. 때로는 동경의 눈빛으로 쳐다보기도 했다.

교회에서 열리고 있던 성경학교 파티에 갔을 때는 더 많은 시선이 나를 향해 꽂혔다. 나를 처음 볼 때는 누구지? 하고 의아해하다가 결국 나를 알아보는 사람들도 있었고, 나인 줄 알아본 뒤에도 예전과는 너무 다른 모습에 놀라 새로운 반응을 보이는 사람들도 있었다. 나를 마치 유명인사 대하듯 하는 사람들을 보며, 나를 '다른 사람'으로 대하는 그런 상황에 익숙해져야겠다는 생각도 들었다.

유일하게 나를 예전과 똑같이 대해주는 나의 여신 애니가 더욱 고마웠다. 그녀는 내가 예전과 다름없다는 걸 알고 있었다. 자신을 사랑하는 내가 모습은 변했을지라도 지금까지 그래왔던 것처럼 자신을 변함없이 사랑할 거라는 걸, 산타의 자리에서건 휠체어를 수리하는 일터에서건 나는 언제나 나라는 걸 믿고 있었다. 산타를 산타답게 만드는 것은 빨간 옷과 흰 수염이 아니라 바로 따뜻한 마음이니까.

첫날
First Day

⭐ 104달러 65센트짜리 헤어스타일이 망가질까 봐 신경 쓰느라 밤새 편히 잠을 자지 못했다. 나의 새로운 모습을 성경학교 파티에서 보여주는 것으로 끝내고 싶진 않았다.

피곤한 밤이 지나고 날이 밝았다. 청명하고 시원한 날이었다. 나는 나의 일터인 휠체어 수리점에서 오전을 보냈다. 어찌 보면 그날 미용실에서 변신한 덕에 '작고 마른 나'에서 '건강한 나'로 바뀐 것도 같았다.

다른 산타들과 마찬가지로 나도 낮 2시까지 지정 장소에 가 있어야 했다. 나는 지정 장소로 갈 때까지 내내 헤어스타일을 고수하기 위해 안간힘을 썼다. 옷을 입을 때 머리가 흐트러지지 않도록 라운드 티셔츠가 아닌 단추 달린 셔츠를 입었고, 겉에 붉은 재킷을 걸쳤다. 그리고 애니에게 굿바이 키스를 한 뒤 밴에 올라탔다. 산타라고 해서 늘 루돌프가 끄는 썰매만 타는 건 아니다.

우리 집에서 1.6킬로미터 정도 거리에 있는 교차로에서 정지신호를 무시하고 녹색 승용차 하나가 내 차를 향해 달려들어왔다. 녹색 승용차의 운전자는 바로 내 차 앞에서 오른쪽으로 핸들을 꺾었지만, 내 차의 앞 범퍼 중간을 들이받았다. 심한 충격이 전해져왔다. 나는 내 차와 녹색 승용차가 충돌하는 그 순간까지 '내가 안전벨트를 매고 있어서 다행이야' 라는 생각밖에 할 수 없었다. 그런데 안전벨트를 매지 않은 상대 운전자는 앞좌석에서 심하게 튕겨졌다. 그 모습을 본 나는 깜짝 놀라 차 문을 박차고 밖으로 나왔다.

문득 이런 생각이 들었다. 교차로 한가운데에서 발생한 교통사고 현장에 산타가 연루됐다고 하면 사람들은 어떤 반응을 보일까?

나는 우선 상대 운전자가 괜찮은지 확인했다. 다치지는

않은 것 같았지만 무척 당황해하는 모습이었다. 상대 운전자가 무사한 것을 확인하자 이번에는 내 차로 눈길이 갔다. 내 밴은 오늘 당장 몰고 다닐 수 없을 만큼 찌그러져 있었고, 산타 일에 늦겠다는 생각이 들면서 불안해졌다. 그래서 나를 향해 쏟아지는 사람들의 시선을 모두 무시한 채 교차로 한 귀퉁이에 있는 도넛 전문점에 들어가 애니에게 전화를 걸어 다른 차를 좀 가져다달라고 부탁했다. 쇼핑몰의 산타 관리부에도 전화해 사고 때문에 조금 늦어졌지만 되도록 빨리 가겠다고 말했다.

잠시 후 애니와 브라이언이 먼저 다른 밴을 타고 사고 현장에 도착했고, 뒤이어 경찰이 나타났다. 다른 차들이 현장 주위를 피해 돌아서 다니는 동안, 교차로의 한가운데에서 상대 운전자와 경찰과 함께 서서 보험 정보를 교환했다. 지나가는 차량의 운전자들 중에는 사고 현장을 손가락으로 가리키며 웃고 지나가는 사람들도 있었고, "무슨 일이죠, 산타? 썰매가 부서졌나요?"라는 말을 던지는 사람들도 있었다. 나는 "그것 참 재밌군요. 똑똑한 양반!"이라고 대꾸하고 싶었지만 참았다.

산타 행사에 늦은 내 사정을 말했더니 경찰관이 가도 좋다고 했다. 상대 운전자는 법규 위반으로 딱지를 떼였고, 경찰은 애니에게 사고 처리에 대한 모든 정보를 알려줬다. 나는 애니가 타고 온 밴으로 갈아타면서 바쁘고 막막한 상황에서 차를 탈 수 있다는 게 이렇게 편리한 거라는 걸 다시 한 번 생각하게 됐다.

지나치다 싶을 만큼 조심스럽게 운전을 했는데도 몇 분밖에 늦지 않은 시간에 행사장에 도착할 수 있었다. 산타에게 지정된 자리에 주차를 하고 직원용 출입문을 통해 몰로 들어가서는 우선 문을 살짝 열고 사람들의 동태를 살폈다. 그러고는 탈의실로 갈 수 있는 가장 빠른 지름길을 찾아 사람들의 눈에 띄지 않을 문을 향해 재빠르게 뛰었다.

탈의실에 도착하자 요정 중의 한 사람이 나를 기다리고 있었다. 그녀는 내가 허둥대는 듯 보였는지 괜찮냐고 묻더니 팀장 요정에게 가서 내 도착을 알리고 교대할 수 있게 하겠다고 말했다.

나는 급하게 산타 바지와 코트를 입고 부츠를 착용했으며, 새 가죽벨트와 내가 직접 만든 버클을 허리에 두르고는

모자를 쓰고 산타가 쓸 법한 안경으로 갈아 꼈다. 늦을까봐 허겁지겁 달려온 마음을 애써 가라앉히기 위해 빈 상점 안을 이리저리 거닐기 시작했다.

잠시 후 어니스트가 두 명의 요정과 함께 탈의실로 들어왔다. 어니스트는 내 상태가 괜찮은지를 물으며, 혹시 다쳤다면 나머지 시간도 자신이 대신 해주겠노라고 말했다. 나는 한 군데도 다치지 않았다고 말한 뒤 그가 넘겨준 손님

명단을 받아들었다. 그런데 거기엔 아무것도 기재되어 있지 않았다. 나는 손님 명단이 비어 있다는 게 무엇을 뜻하는 것인지 깊게 생각해봐야겠다고 느꼈다.

그런 후 사무실에서 나와 행사장으로 향했다. 그렇게 산타로서의 내 삶은 시작됐다. 가슴이 계속 뛰고, 식은땀도 흘렀다. 요정들과 함께 가면서 조용히 걸어가려고 애썼지만, 마음속으로는 자꾸 뛰어가고 싶다는 충동이 일었다. 나는 진정하려 애쓰며 묵묵히 걸었고 가끔 사람들에게 손도 흔들어주었으며, 잠시 걸음을 멈추고 지나가는 아이들의 머리를 쓰다듬어주기도 했다. 그렇게 설레는 맘을 겨우 달래며 행사장에 도착했다.

나는 태어나서 처음 보는 그 '산타 의자'에 앉았다. 하얀 '왕좌' 같은 분위기의 그 의자에 앉자, 나는 이내 편안함을 느꼈다. 의자의 독특한 디자인이 내 맘에 쏙 들었다. 팀장 요정이 말했다.

"산타, 준비됐나요?"

나는 고개를 끄덕였다.

팀장 요정은 첫 번째 아이를 내 무릎 위에 앉혔다. 5세쯤 돼 보이는 고운 차림의 그 아이는 나를 향해 환하게 웃고 있었다. 나도 그 아이를 향해 웃어주긴 했지만, 갑자기 머릿속이 하얘지는 것을 느꼈다. 도대체 이 아이에게 무슨 말을 해야 할지 생각이 나질 않았다. 나는 애써 당혹감을 감춘 채 계속해서 미소만 짓고 있었고, 그 아이는 내가 어서 빨리 자기에게 말을 걸어주었으면 하는 얼굴로 나를 뚫어져라 쳐다보고 있었다. 최소한 꼬박 1분은 그러한 대치 상태가 계속되었다. 보다 못한 팀장 요정이 내게로 다가와 내 어깨를 톡톡 치며 내 귀에 대고 속삭였다.

"괜찮으세요?"

"아, 네, 그럼요."

"그럼, 어서 아이와 얘기하세요. 카메라 보고 웃기도 하고요. 뭐든 하셔야죠!"

요정의 재촉에 카메라를 보며 내가 할 수 있는 최선의 미소를 지어 보이자 카메라의 플래시가 터졌다. 플래시가 번쩍 하고 터지는 순간, 그제야 내 감각이 돌아오는 걸 느꼈다. 나는 어둠 속에서 빠져나온 사람처럼 환해진 기분으로 아이에게 말을 걸었다.

"애야, 기분이 어떠니?"

"좋아요!" 아이가 대답했다.

"제가 크리스마스에 뭐가 갖고 싶은지 알고 싶으시죠?"

그 순간, 나는 그 아이를 와락 끌어안고 입을 맞출 뻔했다. 내가 생각해내지 못한 말을 아이가 대신 해준 것이다. 아이는 의도한 게 아니겠지만, 어쨌든 나를 구해준 셈이었다.

“그럼, 물론이지. 네가 크리스마스에 뭘 받고 싶어하는 지 너무너무 궁금하구나!”

아이는 무척이나 고심하는 얼굴로 선물 목록을 신중히 불러대기 시작했다. 하지만 고백하자면, 그때 나는 아이의 말이 끝나면 어떤 대답을 해야 하는지를 고민하느라 아이의 선물 목록은 제대로 듣지도 못했다. 아이가 말을 마치자 나는 '착한 아이가 되어야 한다'라고 말해주었고, 나중에 내가 직접 확인하러 가겠다는 말로 그럭저럭 산타다운 임무를 완수했다.

첫 번째 아이가 가고 나자 내가 숨을 돌릴 틈도 없이 다음 아이가 내 무릎에 앉아 있었다. 그리고 그와 비슷한 상황이 계속 이어졌다. 아이가 내 무릎 위에 앉는다. 카메라를 향해 웃으면 플래시가 터진다. 나는 인자한 얼굴로 “크리스마스에 뭐가 갖고 싶니?”라고 묻고 아이가 대답하는 동안 듣는 척이라도 한다. 그리고 착한 아이가 되라는 말을 해주고 난 후에 다음 차례의 아이를 무릎에 앉힌다. 난 그런 과정을 그럭저럭 잘 해냈다.

하지만 어떤 아이들은 계속 웅얼웅얼대며 불분명한 소리

를 해대는 통에 말을 거의 알아들을 수가 없었다. 그래서 산타 일과가 끝난 뒤, 발음이 분명한 나이의 어떤 아이에게 그런 웅얼거리는 발음으로 말을 해달라고 부탁해서 그런 아이들의 말을 알아듣는 법을 연습했다.

나는 그 아이에게 계속 반복해서 말해달라고 했는데, 아이는 마치 잘 알아듣지 못하는 얼뜨기와 대화하는 것처럼 아주 천천히 말해주었다.

"10대 …… 돌연변이 …… 닌자 …… 거북이……."

나는 아이가 들려주는 발음을 따라했다.

"네! 바로 그거예요! 그것 말고도 아주 많아요!"

사실 소년이 들려주는 말이 정확히 무엇인지 도저히 알 수 없었지만, 그 단어들이 아이들의 선물 목록에 있을 거라는 것엔 동의했다. 집에 돌아와서도 통신판매 카탈로그를 뒤져가며 열심히 공부했다.

여자아이들은 특유의 불가사의한 단어를 써서 말했다. '바비인형'은 워낙 유명하기 때문에 늘상 들어서 알고 있었지만, '음식을 먹는 인형', '기계체조 하는 인형', '우유 먹는 인형', '고양이 옷을 입은 인형' 등은 처음 들었을 땐 너무나 낯설고 복잡했다. 그래서 집에 돌아와 인형 회사의 카탈로그를 보면서 외워야 했다.

시간이 정신없이 흘러버린 산타로서의 첫날, 드디어 끝나는 시간이 다가왔다. 솔직히 누군가 내게 자비를 베푼 것처럼 느껴질 만큼 마감 시간이 그렇게 반가울 수가 없었다. 팀장 요정이 줄을 끊고는 "쉬는 시간이에요, 산타!"라고 말하는 순간까지, 새로 찬 미키마우스 손목시계를 들여다볼 여유도 없을 만큼 정신없는 순간들이었다.

산타 의자에서 일어나려니 다리가 후들거려 오히려 앉아 있는 게 편하게 느껴질 정도였다. 거의 200명에 달하는 아이들이 내 무릎 위를 거쳐 갔기에, 내 살은 물론이고 근육과 뼈까지 떨리는 것 같았다.

팀장 요정이 말했다. "처음인데 잘하셨어요. 이대로 하루 이틀 해나가시다 보면 정말 좋은 산타가 되시겠는데요?"

난 온몸이 쑤셨기 때문에 엉거주춤한 자세로 행사장을 걸어 나와 탈의실로 향했다.

너무나 힘든 마음에 처음과는 달리 될 대로 되라는 식의

뻔뻔함이 생긴 건지, 아니면 이 모든 상황이 당황스러운 건진 몰라도, 산타의 위엄 같은 건 챙길 겨를이 없었다.

탈의실에 들어서자, 세 번째 산타 돈이 옷을 갖춰 입고 기다리고 있었다. 돈에게 손님 명단을 넘기면서, 혹시 '10대 돌연변이 닌자거북이'를 아느냐고 물어봤다. 그는 그것이 장난감의 일종이라고 했다. 나는 그 장난감에 대해 좀더 조사를 해봐야겠다고 말했고, 그는 좋은 생각이라며 맞장구를 쳤다.

내가 집에 도착했을 때, 애니는 그날의 내 모험에 대해 듣고 싶어 안달이 나 있었다. 나 역시 이런저런 말을 두서없이 쏟아내면서도 애니와 함께 통신판매 카탈로그를 뒤졌다. 그리고 해당 상품 설명이 있는 카탈로그를 찾아서 '10대 돌연변이 닌자거북이'와 '배트맨 기어', 컴퓨터 게임과 인형에 대한 모든 것을 공부했다. 비록 유행하는 장난감에 불과했지만, 어쨌든 새로운 공부를 시작한 셈이었다.

나는 통신판매 카탈로그를 덮으면서 애니에게 진지하게 물어봤다.

"자전거나 야구글러브, 롤러스케이트, 과일, 사탕 같은 것을 갖고 싶어하는 아이들은 이제 더 이상 없는 걸까요?”

애니는 선뜻 대답하지 못했다. 말하지 않아도 알 것 같았다. 몇 해가 지나도, 아니 오히려 해가 거듭될수록 그 대답은 아마도 ‘없다’ 일 것이다.

소리 지르기 대장

   산타 행사 첫날 미용실에서 만났던 '입버릇 고약한' 그 산타는, 내게 1세에서 3세까지의 아이들 중 90퍼센트가 소리를 질러댄다고 경고했었다. 산타 일을 해나가면서 난 그의 충고가 거의 정확하다는 걸 알게 됐다. 내 개인적인 통계치로 보자면, 11개월에서 3세 사이의 아이들은 75퍼센트 정도가 산타를 무서워한다. 살짝 두려워하는 정도에서부터 정말이지 심각하게 '공포스러워' 하는 단계까지 다양한 반응들을 보인다. 그리고 아이들이 공포를 표현하는 말은 거의 비슷비슷하다.

어떤 아이들은 결국 '엄마한테 기어오르기'를 감행한다.

나를 보고 겁에 질려서는 곧바로 자기 엄마의 무릎을 부여
잡고 올라가 몸을 타고 어깨까지 기어오르는 것이다. 언젠
가는 그 아이들 중 단 한 명이라도 말 그대로 자기 엄마의
머리꼭대기에 앉을 수 있기를 기대해본다. 어쩌면 서 있게
될지도 모를 일이다.

또 어떤 아이들은 그저 내내 소리만 질러대는데, 찢어질
듯 날카로운 괴성을 내 귀에다 바짝 대고 터뜨리는 것이
다. 아니면 그냥 단순히 울어버리는 아이들도 있다. 그 외
나머지 아이들은 내 무릎 위에 앉아 내 질문에 띄엄띄엄
뜸 들여 대답하다가 결국 울먹이기 시작한다. 그럼에도 불
구하고 아이들의 부모는 행사장에서 한 시간 이상씩 기다
리면서 무슨 일이 있어도 자기 아이와 산타가 함께 사진을
찍어야 한다고 집착하곤 한다. 때문에 그런 부모들의 아이
들은 부모에 의해 억지로 내 무릎에 앉혀지는 셈인데, 이
럴 때가 가장 위험하다.

그런 아이들이 발로 차기 시작할 때면, 내 정강이는 심술
궂은 아이들의 발길질에 혹사당하게 된다. 뺨을 맞기도 하
고, 주먹으로 맞고, 발로 차이고, 머리를 부딪치는 등 언제

나 폭력에 노출돼 있는 것이다.

요 몇 해 동안 나를 거쳐 간 아이들 중, 괴성 지르기가 거의 올림픽 금메달감인 질이라는 여자아이가 하나 있었다. 질의 부모는 마운트카멜 교회를 다녔는데, 애니와 나의 친구이기도 했다. 우리는 그녀의 딸 질이 유치원에 입학한 후부터는 아주 가끔밖에 만나지 못했지만, 질이 태어나던 때를 기억하고 있고, 난폭한 연령인 세 살이 될 때까지 커가는 모습을 지켜봐왔다. 질은 나를 무척 어려워했으며, 나역시 질에게 친근하게 다가간 적은 없었다. 질의 엄마가 내게 어디서 산타 일을 하는지 물어보았고, 난 그위네트플레이스 몰에서의 내 스케줄을 알려줬다.

며칠 뒤 나는 질의 부모와 질, 그리고 질의 여섯 살짜리 오빠가 줄을 서 있는 걸 봤다. 양손을 허리에 괸 채로 버티고 서서 나를 무척이나 경계하는 눈초리로 관찰하고 있는 질을 보면서 어쩐지 걱정스러웠다. 질 앞에 서 있던 아이들의 순서가 빠르게 지나갔고, 드디어 질의 가족 차례가 왔다. 먼저 질의 오빠가 내 왼쪽 다리에 가볍게 앉았고, 아이의 엄마가 질을 들어 올려 내게로 다가오는 순간, 드디어

끔찍한 소동이 시작됐다.

질은 귀청이 떨어져나갈 것 같은 괴성을 질러댔다. 아마도 건물 밖 주차장에서도 그 소리를 들을 수 있을 것 같았다. 질은 두 팔을 격렬하게 휘둘렀고, 마구 발길질을 해댔다. 질의 오빠와 내가 질의 몸부림에 가격당할까봐 질을 옆으로 밀어놓았을 때, 질이 어찌나 난동을 부리던지 질이 입고 있던 예쁜 드레스가 거의 찢어질 뻔했다.

질의 엄마는 45분이나 줄에서 기다린 것을 떠올리며, 여기서 포기할 순 없다고 마음먹은 것 같았다. 그녀는 질을 옆으로 데려가서는 잠깐 동안 얘기를 나눴고, 잠시 조용해지는 듯 보였던 질을 다시 내게로 데려왔다. 그러나 조금 전보다 더 심하면 심했지, 결과는 똑같을 뿐이었다. 질의 오빠는 초연한 표정으로 내 무릎 위에 앉아 그 모든 소동을 지켜보고 있었다. 질은 자신의 부모에게 달려가, 엉덩이에 손을 얹고는 씩씩대고 있었다. 난 질의 엄마를 불러, 근처에 있는 벤치에 앉아서 잠깐 동안 나를 지켜보게 하는 게 어떻겠냐고 제안했다. 내가 아이들을 해치지 않는다는 걸 보게 된다면, 질이 잠잠해질 것 같았다. 질의 가족은 내 제안을 받아들여 모두 벤치에 가서 앉았다.

그러나 그 아이디어는 별로 좋은 생각이 아니었다. 줄에서 기다리면서 질의 상황을 지켜본 아이들 몇몇이, 산타는 무서운 것이 틀림없다고 생각한 것이다. 그 아이들 역시 소리를 지르기 시작했다.

그런 풍경들이 오히려 질을 안심시키는 데 역효과를 가져올 거라는 건 분명했다. 잠시 후, 질의 엄마가 내게로 와서 자신이 질을 안은 채 내 무릎에 앉아도 되겠느냐고 물었다. 아마도 딸이 산타와 아무 두려움 없이 만나려면 적어도 7세가 될 때까지는 기다려야 한다는 것을 깨달은 듯했다. 나는 그런 일을 흔히 접해왔기 때문에 흔쾌히 그러라고 승낙했다. 그러고는 질의 엄마에게 카메라를 향해 질을 안아 올리되 몸을 최대한 뒤로 빼라고 말해줬다.

그녀는 벤치에서 9미터 정도 떨어진 곳까지 질을 안고 갔다가 천천히 뒷걸음질을 하며 내가 있는 쪽으로 다가오기 시작했다. 질에게 내 쪽으로 다가가고 있다는 것을 눈치 못 채게 하면서 사진 안에 산타인 나와 함께 나오게 하기 위한 방법이었다. 그녀는 주변의 크리스마스 장식들을 손으로 가리키며 질의 주의를 흐트러뜨렸고, 질의 아빠가 아이의 팔을 잡아 내가 있는 쪽으로 뒷걸음질 칠 수 있게 방향을 잡아주었다. 드디어 질의 엄마가 손만 뻗으면 닿을 만큼 내게 가까이 와 있었고, 나는 그녀가 편하게 앉을 수 있도록 배려했다. 그녀는 질을 안은 채 천천히 내 무릎 위에 앉아 카메라를 바라보았다.

나는 질이 나를 발견해서 놀랄까봐 되도록이면 질의 엄마 뒤로 몸을 감추려고 애썼다.

드디어 사진사가 카메라를 들어 올렸다. 한시름 놓이는 순간이었다. 만사가 순조롭게 진행되고 있었다. 그런데 내가 카메라 쪽으로 시선을 돌리는 순간, 그만 질이 고개를 돌리더니 엄마의 어깨 너머로 눈길을 주는 것이 아닌가! 결국 나와 눈이 마주쳐버렸다.

그 즉시 엄청난 대소동이 벌어졌다. 질의 비명과 함께 주먹질과 발길질이 다시 난무하기 시작했다. 질은 마치 사람을 한 번도 태워본 적이 없는 로데오 말 같았다. 질은 구두 뒤꿈치로 나를 두 번이나 걷어찼으며, 자기 엄마를 녹초가 되도록 때렸다.

그러는 사이 질의 오빠와 아빠가 등장했다. 그들은 카메라 앞으로 뛰어들어 웃어 보였다. 엄청난 난동을 배경으로 어색하게 웃는 그들의 모습이 사진으로 어떻게 나왔을지 궁금했지만, 굳이 찾아보진 않았다.

질의 괴성이 너무 큰 나머지 지나가던 사람들이 도대체 무슨 일이 일어났는지 보기 위해 우리 쪽으로 몰려들었다. 줄에 서서 차례를 기다리던 몇몇 가족은 자신의 아이가 절대로 산타의 무릎에 앉지 않을 거라고 판단하고는 행사장을 떠나버렸다. "도대체 산타가 저 아이에게 무슨 짓을 한 거야?"라는 말을 남긴 채…….

비명을 질러대던 아이들은 보통 산타가 자신의 시야에서 사라지면 비명 지르기를 멈춘다. 하지만, 질은 그러지 않았다. 가족에게 이끌려 돌아가는 와중에도 계속해서 큰 소리를 질러댔다. 그들이 출구 쪽으로 사라져가는 10분 동안 우리는 내내 질의 비명 소리를 들어야만 했다. 쇼핑몰의 출입문이 닫히자 우리는 겨우 해방될 수 있었다. 하지만 바깥에서 질의 괴성이 조금씩 새어 들어오긴 했다.

질의 난동 여파는 쉽사리 끝나지 않았다. 질을 시작으로 세 살 이하의 어린아이들 모두가 질처럼 소리를 질러대기 시작한 것이다.

질의 비명은 그 후로도 오랫동안 내 귓가에 맴돌며 나를 따라다녔다. 그리고 교회에서 질의 가족을 만날 때마다 나는 질의 '공포'가 사라지길 바랐지만, 부모들의 노력에도 불구하고 그런 일은 일어나주지 않았다. 질은 거의 3,000명에 가까운 사람들이 앉아 있는 예배실에 들어올 때마다 항상 문 앞에 멈춰 서서 예배실 안부터 훑어보았다. 그러다가 나를 발견하면 문밖으로 쏜살같이 달아났다.

질이 어린이 성가대에서 노래하기 위해 어쩔 수 없이 예배실 안에 있어야 할 경우에는 내가 멀찌감치 떨어져 앉아 있어야 했다. 그럴 때에도 질은 시종일관 내게서 눈을 떼지 않았다. 그러다가 내가 조금이라도 자신에게로 다가가려는 몸짓을 보인다 싶으면, 그대로 예배당을 나가버렸다.

언젠가 질이 20세 정도의 나이가 되면, 그때 왜 그렇게 날 무서워했는지 그 이유를 알 수 있을 것이다. 나는 그때까지 질의 비명에 대한 기억, 질에게 맞아 멍든 상처, 그리고 민감해진 '밝은 귀'를 계속 지니고 살게 될 것이다.

Dreams

pig go to s... eve girl
wondering about me
r. Girl'

Diary Two 두 번째 일기

꿈

Dear santa claus,
I hope you are doing good in the North pole.
How many elves do you have? How many
Toys do they make in a day?
when you deliver presents on christmas
eve, how many Times do you refill your
slay? If someone doesn't have a chimney, how do you get
in? Have you ever set off someone's alarm systim?
Just wondering.

I believe in you even though Johnny Whitcomb
doesn't. Do you believe in God? I do, and
I think you are his helper.
I will see you soon. My house is the yellow on
with white shutters. I'll leave you out some
choclit milk this year. I hope you like it.
I like red rider bb guns, in case you w-
wondering.
Love, mitchell, age 8

산타할아버지께

북극에서 재밌게 지내고 계신 거죠? 전 할아버지한테 궁금한 게 너무 많아요. 할아버지 곁에는 장난감 선물을 만들어주는 꼬마요정들이 얼마나 많아요? 그 요정들은 얼마나 많은 장난감을 만들 수 있죠? 아, 크리스마스이브에 말이에요. 썰매에 선물을 가득 싣고 우리들을 찾아오시잖아요? 근데, 산타할아버지 썰매에 그 많은 선물들이 다 들어가나요? 한 번에 못 싣는다면 도대체 몇 번이나 선물 꾸러미를 썰매에 실어야 하나요? 그리고 만약 굴뚝이 없는 집에 들어가야 할 땐 집 안으로 어떻게 들어가세요? 혹시 경보장치를 건드린 적은 없나요? 전 이런 것들이 너무너무 궁금해요.

내 친구 자니는 믿지 않지만, 저는 산타할아버지가 진짜 있다고 믿어요. 할아버지는 하느님을 믿으세요? 저는 하느님을 믿거든요. 아마 산타할아버지는 너무 바쁘신 하느님을 대신해 우리들을 찾아오시는 하느님의 친구일 거예요.

할아버지를 빨리 만나고 싶어요.

혹시 할아버지가 우리 집을 못 찾으실까봐 설명드리는 건데요, 우리 집은 노란색이고, 대문은 하얀색이에요. 올해 크리스마스에는 할아버지를 위해 초콜릿 우유를 집 밖에 놔둘 거예요. 할아버지가 초콜릿 우유를 좋아하셨으면 좋겠네요.

그리고 할아버지가 저한테 무슨 선물을 줘야 하나 고민할까봐 알려드리는 건데요. 저는 빨간색 장난감 총을 받고 싶답니다.

사랑해요, 산타할아버지!

산타할아버지를 몹시 기다리는 미첼로부터

산타, 악동을 만나다
The Gangster

그 아이를 처음 만난 순간부터 뭔가 잘못되고 있다는 것을 감지할 수 있었다. 아이는 의심과 불만이 가득 찬 얼굴로 팔짱을 낀 채 서 있었다. 여섯 살 정도 돼 보이는 그 아이는 입을 삐죽거리며 자기 뒤에 서 있는 친구와 이야기하고 있었다.

나는 그 아이를 무릎에 앉히고 많은 얘기를 나누어야겠다고 마음먹었다. 사진사가 서두르라고 손짓했을 때, 나는 그 아이에게 친구와 얘기하는 걸 그만 멈추고 내게로 오라고 신호를 보냈다. 그 아이는 느릿느릿 다가오긴 했지만 내 얼굴을 쳐다보지도 않았다. 나는 여전히 팔짱을 꼭 끼고 있는 그 아이를 내 무릎에 앉혔다. 그리고 이름을 물어봤지만, 아이가 산만하게 주위를 두리번거리며 으르렁대는 바람에 아이의 말을 한마디도 알아듣지 못했다.

이번에는 어른들의 말은 잘 듣고 있냐고 물었더니, 아이는 역시 대답은 하지 않고 고개를 돌려 자기 친구를 쳐다볼 뿐이었다. 그 아이의 친구가 내게 뭔가 할 말이 있는 듯한 표정을 지었고, 잠시 후 최악의 상황이 벌어졌다. 그 아이가 팔짱을 꼈던 팔을 풀고 람보같이 괴성을 지르더니 내 수염을 두 손으로 움켜잡고는 사정없이 아래로 잡아당긴 것이다.

나는 너무 놀라 비명을 지르며 아이의 머리카락을 뒤로 잡아당겼다. 때문에 아이도 고래고래 소리를 질렀다.

"아야! 아파요!"

"그럼, 아프고말고. 머리를 잡아당기면 누구나 아프단다."

그러자 이 악동이 자기 손에 뽑혀 있는 수염을 자세히 살피더니 친구를 향해 의기양양하게 말했다.

"이 할아버지는 진짜 산타야!"

그 후 아이는 내가 지금까지 들어본 중 가장 긴 선물 목록을 늘어놨다. 나는 그 아이가 어떻게 그토록 긴 목록을 줄줄 외울 수 있는지 궁금할 따름이었다. 그뿐만 아니라 아이는 가장 받고 싶은 선물부터 차례로 기억해냈다. 마치 그 선물 목록들이 그 아이가 존재하는 이유 같았다. 아이의 친구에게서 선물 목록을 건네받았을 때, 나는 그 아이의 엄마가 옆에 서 있는 것을 발견했다. 그 아이들이 내가 준 막대사탕을 받아들자 아이 엄마는 내게 아이들의 무례함을 사과한 다음 아이들을 데리고 사라졌다. 그 엄마의 말에 의하면, 자기 아들이 지난주 토요일에도 다른 산타의 수염을 잡아당겼으며, 진짜 수염을 가진 산타를 만나려고 아이를 데리고 백화점을 몇 군데나 돌아다녔다고 고백했다.

내 얼굴은 여전히 얼얼했다. 하지만 나는 그 아이 엄마에게 "아이들한테 수염이 뽑혀져 나간 게 이번이 처음은 아니랍니다. 앞으로도 이런 일은 종종 있을 테지요"라고 말해줬다. 그러나 솔직히 말하자면, 제발 아이들이 수염을 좀 살살 잡아당겨주길 바란다. 물론, 아이들의 천진함에서 비롯된 짓궂은 장난이 내게 또 다른 기쁨을 주기도 하지만 말이다.

산타, 빅 존을 만나다

내가 산타로서 경험한 가장 인상 깊은 일은 애틀랜타에 위치한 어린이 병원 두 곳에서 일어났다. 이 병원들은 당시 기금을 모으기 위해 크리스마스 이벤트를 진행하고 있었는데, 그중 하나는 이글스턴 어린이병원에서 열린 '크리스마스 트리 축제'였고, 다른 하나는 스코티시라이트 어린이병원에서 마련한 '크리스마스 예술축제'였다.

크리스마스 예술축제는 애틀랜타시 중심부에서 열리는데, 추수감사절 다음날부터 10일 동안 계속된다. 축제 기간에는 아이들이 크리스마스 장식과 선물에 대한 기발한 아이디어를 모아 만든 작품들이 전시된다. 이 축제는 인기가 매우 좋아서 초등학교 아이들, 보이스카우트, 걸스카우트, 그리고 가정에서 서로 참가하고자 줄을 잇곤 했다.

축제의 자원봉사자들은 각각 두 파트로 나뉘어 반나절씩 봉사하도록 되어 있었기 때문에, 나는 하루에 두 번씩 이들을 훈련시켜야 했다. 애틀랜타의 각 지역에서 온 이들은 각양각색의 직업을 갖고 있었다. 나는 이들과 만나서 함께 일하고, 이들이 아이들과 신나는 시간을 보내는 것을 보는 것만으로도 마음이 설레었다.

그리고 아이들이 부모 곁을 떠나 어떻게 행동하는지를 살펴보는 것도 큰 즐거움 중의 하나다. 어느 학교에 다니느냐에 따라 아이들에게서 다른 행동 유형이 나타나기도 한다. 그도 그럴 것이 학교마다 교육 원칙이 다 다르므로, 아이들이 학교를 벗어나서도 무의식적으로 자기 학교의 행동 규칙에 따라 행동하게 되는 것이고 그것이 각기 다른 특성으로 보이는 것이다.

또 한 가지 흥미로운 사실은, 아이들이 집단으로 있을 때와 혼자 있을 때 하는 행동이 다르다는 것이다. 한 학급의 학생 전체가 단체로 산타를 만나러 와도 나는 한 명씩 따로 만난다. 이럴 때 아이들은 말할 수 없이 공손하고 예의 바르게 행동한다. 하지만 아이들과의 개인 만남이 끝난 뒤 담임교사나 부모들이 카메라를 들고서 "단체사진!"이라고 외치면, 이 말이 끝나기가 무섭게 아이들은 폭도로 변해 무대 쪽으로 냅다 뛰기 시작한다. 그러고는 서로 내 무릎에 앉겠다고 싸우고 고함을 질러댄다. 그러다가 가끔은 내가 앉아 있던 의자를 뒤집어엎기도 한다.

소란이 겨우 가라앉을 때쯤, 아이들 중 하나는 기필코 내 모자를 벗겨서 자기들 머리에 얹곤 한다. 어떤 아이들은 내 안경을 벗기기도 하고, 내 등 뒤로 깊숙이 손을 집어넣기도 한다. 그와 동시에 내 수염은 항상 아이들의 장난감이 된다.

나는 도저히 참을 수 없는 순간엔 무대를 내려와 인솔자들에게 사진을 찍으려면 아이들을 조용히 시키라고 화를 내기도 했다. 그럴 때는 일단 무대를 박차고 걸어나와 머리 끝까지 치밀어 오른 화를 달래며 "버릇없는 녀석들 같으니! 정말 고약하군!"이라고 넋두리를 늘어놓곤 한다. 그러다 다행히 이런 경우는 극히 드물다. 대부분의 경우 아이들과 나의 만남은 유쾌하다.

산타를 만나러 오는 아이들이 언제나 초등학생들인 건 아니다. 해마다 정신지체자센터에서 성인들이 나를 찾아오는데, 올해에도 스무 명 정도의 정신지체 장애인들이 산타를 찾아 이곳을 방문했다. 나는 수줍게 다가와 나와 함께 사진을 찍고 가는 그들에게서 특이한 점을 발견했다. 그들은 하나같이 사진을 찍을 때마다 내게 똑같은 말을 하고 가는 것이었다. 그들은 웃음이 가득한 얼굴로 "빅 존이 산타를 보러 오겠대요"라고 말했다. 이 말은 마치 경고처럼 들리기도 하고, 혹은 설레는 약속처럼 들리기도 했지만, 어떤 의미가 담겨 있는지는 빅 존을 만나보지 않고는 모를 일이었다.

하지만 이 말에는 분명 기대와 소망과 경이로움이 묻어났다. 내가 이 말을 열다섯 번도 더 들었을 때쯤, 빅 존이 도대체 누구일까라는 의문과 호기심이 일었다.

그는 덩치가 얼마나 크기에 빅 존이라고 불릴까? 그러나 그때까지만 해도 빅 존에 대한 내 관심이 그리 대단한 것은 아니었다. 그간의 경험으로 봤을 때 내 무릎은, 합치면 대략 300킬로그램이나 나가는 성인 두 명의 체중도 견뎌낼 수 있을 만큼 튼튼했다. 정강이를 바닥에 직각으로 세우고 허벅지를 바닥과 평행하게 두면 엄청난 무게도 얼마든지 견딜 수 있다. 무거운 사람이 무방비 상태에서 내 무릎에 앉는다면 근육이 꼬이거나 다리가 부러질 수도 있겠지만, 만반의 준비만 되어 있다면 빅 존쯤은 문제될 리 없다고 자신했다.

오후 4시쯤 나는 드디어 나를 만나기 위해 줄을 서 있는 빅 존을 보았다. 그는 놀랄 만큼 덩치가 큰 사람은 아니었으나 내 무릎에 앉기 위해 줄을 선 사람들 중에서는 단연코 제일 컸다. 한 자원봉사자가 다가와 살짝 귀띔해주었다.

"저 사람이 빅 존이에요."

"이미 알고 있어요."

"존은 산타의 무릎에 꼭 앉아보기를 원하는데요. 문제는 그의 몸무게가 194킬로그램이라는 거예요. 괜찮겠어요?"

그 말을 듣고 나는 존을 쳐다보았다. 그는 멋지고 달콤한 미소를 짓고 있었고, 그의 얼굴엔 내 무릎에 앉아보고 싶다는 열망이 가득했다. 마치 다섯 살배기 아이처럼 천진난만

한 얼굴의 존은 무언가 내게 할 말이 있는 듯했다.

나는 자원봉사자의 얼굴을 쳐다보며 이렇게 말했다.

"잘 알았어요. 그런데 당신은 내가 어떤 반응을 보이든지 이해하겠지만, 저 사람은 그러지 못할 거예요. 내가 거절하면 존은 매우 실망할 거예요. 한번 노력해보고 싶은데요."

곧 빅 존은 계단을 천천히 올라와 내게로 다가왔다. 그 자리에 있던 모든 사람들이 존의 움직임에 주목하면서 손뼉을

쳤다. 내 앞으로 걸어온 존은 내 무릎에 앉기 위해 뒤로 돌아섰다. 나는 준비를 단단히 하고 그에게 앉으라는 신호를 보냈다. 하지만 그 순간, 나는 엄청난 사실을 깨달았다. 체중을 합치면 300킬로그램이 되는 두 사람을 무릎에 앉혔을 때, 사실 그들은 내 무릎에 엉덩이 반쪽만을 살짝 걸쳤을 뿐이었다. 그런데 이번에는 사정이 달랐다. 빅 존은 내 무릎을 전혀 고려하지 않고 그냥 쿵 주저앉아버린 것이다.

나는 내 무릎과 엉덩이뼈와 허벅지에 어떤 충격이 올지 미처 예상하지 못했었다. 아무리 위험해봤자 그저 관절이 삐끗하는 정도일 거라고 생각했었다. 되도록이면 존을 튼튼한 무릎뼈 위에 앉히면 충분히 버틸 수도 있을 것 같았다. 하지만 존은 이런 내 의도를 전혀 눈치채지 못하고 내 허벅지 쪽에 엉덩이를 대고 털썩 앉아버렸다. 그러자 놀랄 만한 그의 무게가 순식간에 내 다리를 짓눌렀다.

다행히 나는 통증을 느끼는 감각이 매우 무뎠기 때문에, 사람들이 존과 나의 만남을 즐거워하면서 우리를 향해 플래시를 터뜨릴 때까지 미소를 지을 수 있었다. 존에게 무슨 선물을 받고 싶냐고 물었지만, 그는 대답을 하지 않았다.

사진을 다 찍고 난 후 존은 일어서서 들뜬 얼굴에 수줍은 미소를 지닌 채 나와 악수를 하고 무대에서 내려갔다. 수많은 사람들이 그에게 환호를 보냈다. 이렇게 해서 우리의 첫 만남은 끝이 났다.

그 이후로 빅 존은 해마다 찾아왔다. 그때마다 나는 그를 반갑게 맞아 내 무릎에 앉혔다. 존의 만족스럽고 맑은 미소는 무릎의 고통과 기꺼이 바꿀 수 있을 만큼 값진 것이었다.

"그래, 이 정도의 고통쯤 아무것도 아니지. 사람들을 웃게 하고 싶은 꿈만 잃지 않는다면 내가 못할 건 아무것도 없어."

값진, 너무나 값진 순간들

Precious Moments

누군가 말했다. 비행기를 탄다는 것은 "길고 긴 무료한 시간들과 가끔씩 찾아오는 공포의 순간들의 집약"이라고. 산타도 이와 비슷하다. 다만 공포의 순간 대신 기쁨의 순간이 찾아온다는 것만 다를 뿐이다. 이런 순간들은 혼자만 간직하기에는 너무나 아까울 만큼 소중하기에 다른 이들과 함께 나누어야 한다. 내가 이 책을 쓰는 이유도 바로 여기에 있다. 이 책은 모든 이들이 내가 겪은 기쁨의 순간들에 동참하기를 바라는 마음에서 시작되었다.

아이들은 모두 비슷하게 생겼고, 하는 말도, 요구하는 선물도 모두 비슷하다. 하지만 내 말을 오해하지 않길 바란다. 아이들은 모두 아름답고 예의 바르다는 면에서 비슷하다는 말이다.

값진 순간들은 바로 이럴 때 찾아온다. 지금까지 이런 순간들에 대해 많은 얘길 했지만, 사실 아직 시작조차 하지 않은 이야기들이 더 남아 있다. 이제부터 그 소중한 경험들에 대해 얘기할까 한다.

그 여자아이가 내 눈에 들어온 것은 아이가 앞에서 세 번째 줄에 왔을 때였다. 그 아이는 아주 자그마해서 처음에는 두 살 정도 된 아주 어린아이인 줄 알았다. 보름달같이 둥근 얼굴에 동그란 눈동자를 지닌 그 애는 정말이지 인형 같았다. 아이는 작고 여린 팔로 어색하게 팔짱을 끼고는 마치 무언가를 발굴해낸 고고학자처럼 호기심 가득한 눈으로 나를 쳐다보고 있었다. 작은 몸집이었지만 가까이에서 보니 의외로 꽤 성숙한 표정이어서 나는 그 아이가 내 무릎에 앉기를 부끄러워할지도 모른다는 생각이 들었다. 하지만 곧 그 아이가 전혀 겁을 먹고 있지 않으며 나와 친해지고 싶어 한다는 것을 알게 되었다.

그 아이는 자기 순서가 되자 약간의 수줍은 미소를 띠고 내 무릎 쪽으로 다가섰다. 그리고 멈춰 선 채로 두 팔을 올려 나에게 안아달라는 시늉을 했다. 그 아이를 안아 내 왼쪽 무릎에 앉혔는데, 얼마나 가볍던지 몸무게를 거의 느낄 수가 없었다. 천사의 날개를 살포시 내 무릎 위에 올려놓은 듯.

나는 껄껄 웃으며 말했다.

"안녕, 애야?"

"안녕하세요."

그 꼬마숙녀는 아름답고 밝은 목소리로 대답했다.

"만나서 반갑구나."

"저두요, 산타할아버지."

내가 봐온 그 어떤 아이보다 크고 동그란 눈을 가진 그 아이의 대답은 빛나는 미소와 함께 마치 맑은 시냇물처럼 또르르, 굴러나왔다.

아이는 내 무릎에 앉아 있는 내내 내 손가락을 만지작거렸다. 나는 이런 행복한 순간이 영원히 계속되길 바랐다. 눈을 들어 앞에 서 있는 아이의 아버지를 쳐다보았더니, 그 또한 얼굴에 기쁨이 가득했다. 나는 "이 어여쁜 어린 숙녀에 대해 소개 좀 해주시겠어요?"라고 말했다. 그는 아이의 이름을 말하고는 지금 세 살이라고 알려주었다. 나는 아이를 안고 있는 그 순간이 마치 왕좌에 앉아 있는 것처럼 행복하다고 말했다.

나는 다시, 파란 하늘에서 비쳐 내려오는 맑은 햇살 같은 그 아이에게로 시선을 돌렸다. 그리고 크리스마스 선물로 뭘 받고 싶은지 물었다. 내 목소리도 그 어느 때보다 달콤하고 부드러웠다. 내가 진심으로 행복하기 때문이었다. 선물을 예쁜 바구니에 담기라도 하듯 또박또박, 바비인형부터 시작되는 선물 목록을 길게 늘어놓던 아이는 마지막으로 이 말을 덧붙였다.

"우리 아빠와 엄마에게도 좋은 선물을 주셨으면 해요. 왜냐하면 우리 아빠랑 엄마는 너무너무 좋은 분들이거든요."

"그럼 너는 아빠 엄마 말씀을 잘 듣니?"

"물론이지요."

아이는 고개를 힘차게 끄덕이며 말했다.

아이의 순서가 끝나 아이의 가족이 돌아가려 할 때, 나는 아이의 아버지에게 아이를 한 번 더 데려오면 좋겠다고 말했다.

그리고 일주일 뒤, 그들은 다시 찾아왔다. 나는 다시 아이를 안아 내 무릎에 앉혔다. 아이 아버지는 감사하다며 나중에 따로 나와 다시 이야기할 기회를 청했고, 나는 흔쾌히 동의하면서 내 명함을 건네주었다.

그들이 떠난 뒤 나는 아이의 아빠가 내게 무슨 말을 하려는 걸까 궁금해졌다. 어쩌면 할리우드 영화에 출연해달라고 제안하거나, 무슨 광고를 찍으라고 할지도 모른다는 상상을 하니, 마음이 설레어 더 이상 기다리기 힘들 만큼 가슴이 뛰었다.

며칠 후 그 일이 점점 잊혀져가고 있을 때쯤, 그 아이의 아버지에게서 전화가 왔다. 우리는 약속을 잡아 다시 만났고, 나는 그와의 만남이 매우 반갑고 흥분되었다. 그는 만나자마자 내가 얼마나 훌륭한 산타인지 말해주었고, 나는 그 말을 들으며 그의 본론이, 그러니까 내게 해올 사업 제안이 어떤 것일까 기대하며 기다렸다.

그토록 기대하던 거창한 사업 제안을 듣게 되기까지는 그리 긴 시간이 필요하지 않았다. 불과 몇 분 후에 그는 정수기를 팔기 위한 선전을 늘어놓기 시작한 것이다!

스톤마운틴 파크의 산타

My Kind of North Pole

⭐ 그위네트플레이스 몰에서 두 번째 크리스마스 행사를 하면서, 나는 내년에는 이곳에서 행사를 하지 않겠다고 마음먹었다.

행사장 안은 산타와 사진을 찍으려는 사람들로 북적댔고, 행사 주최 측은 행사 사진을 팔아 수입을 올리는 데에만 열을 올렸다. 그 무엇보다도 아이들과 보내는 시간에 열중하고 싶었던 내 바람과 그위네트플레이스 몰의 행사 취지는 너무나 달랐다.

그러던 중 애틀랜타의 역사적 유적지인 스톤마운틴 파크의 인사 담당 부장인 린다 잭슨이 전화를 걸어왔다. 그가 자기 이름을 밝혔을 때 나는 이미 내가 그곳에서 해야 할 일이 있을 거라는 걸 짐작할 수 있었다. 린다는 내가 산타 일을 하고 있다는 것을 익히 들어서 알고 있었다며, 자기네 회사에서 마련한 자녀들의 파티 행사에 산타로 참석해줬으면 좋겠다고 제안했다.

어떤 이들에게는 이런 제안이 그저 그런 일거리 중 하나로 느껴질지 모르겠지만, 내게 있어서 산타 일은 사람들에게 새롭고 감동적인 순간을 경험하게 해주고 동시에 내가 행복해지는 더없이 좋은 기회였다. 게다가 스톤마운틴 파크는 나와는 특별한 인연이 있었다. 애니와 차임벨이 울리는 가운데 결혼식을 올린 곳이 바로 스톤마운틴 파크였다. 나는 스톤마운틴 파크에서 일해달라는 린다의 제안을 흔쾌히 수락했다.

파티가 열리던 날, 나는 충분히 휴식을 취한 뒤 정말이지 그럴듯한 산타의 모습으로 변신한 다음 행사장에 조금 일찍 도착했다. 공원의 안내인은 내가 어디에 앉아서 산타 일을 해야 할지를 미리 알려주었다. 그런데 그곳에 마련된 의자를 본 순간, 나는 얼굴이 하얗게 질릴 만큼 크게 당황했다. 그것은 다리가 아주 짧은 앤 여왕 시대 양식의 의자였다. 그렇게 낮은 의자에서는 장시간 동안 많은 아이들을 무릎에 앉혀가며 이야기하기가 불가능했다.

나는 스스로를 다독거리며 혼자서 중얼거렸다.

"해낼 수 있을 거야. 기껏해야 두 시간 정도만 참으면 될 텐데 뭘. 그래, 할 수 있어!"

곧이어 아이들이 나를 만나러 오기 시작했고, 나는 아이들과 재미있는 대화를 나눴다. 매우 흥미진진하고 따뜻하고 흥겨운 분위기였다. 나는 마치 그들과 매우 친근한 소년 단원이 된 것처럼 아이들과 잘 어울렸다. 그렇게 산타 일에 행복감을 느끼며 아이들과 즐거운 시간을 보내고 있을 때, 우리와 조금 떨어진 곳에서 린다가 회사의 사장으로 보이는 사람과 이야기를 나누고 있는 모습이 보였다. 그리고 얼마 후 사장은 자신의 아들과 함께, 내가 앉아 있는 의자 가까이 와서 줄을 섰다. 사장의 얼굴이 보였을 때 나는 깜짝 놀랐다. 그는 우리 교회의 교인이었다. 순간, 나에게 또 다른 기회가 다가오고 있음을 느꼈다. 그 사장도 내가 자신과 같은 교회 교인이라는 사실을 알고 있을 것이고, 이번 기회를 통해 내가 하는 일을 더 확실히 알리면 뭔가 더 의미 있는 일들을 할 수 있을 것 같았다.

여섯 살쯤 되어 보이는 사장의 아들은 자기 줄 앞에 있는 아이들이 산타와 나누는 이야기를 주의깊게 듣고 있다가 자기 순서가 되자 내 무릎에 올라앉았다. 사장은 아이 바로 옆에 서 있었다. 그런데 조금 전까지 내 머릿속에서 풍선처럼 떠오르고 있던 기대는 물거품처럼 사라지고 말았다. 아이와 나의 대화가 진행될수록, 나는 그들이 내가 누군지 전혀 모르고 있다는 것을 알 수 있었다. 대화가 끝날 때까지도 사장과 그 아들은 나를 알아보지 못했고, 대화를 마치자 가볍게 인사를 하고는 다과회장으로 사라져버렸다.

나는 그들이 나를 모른다는 게 믿어지지 않았다. 그리고 사장에게 나를 더 자세히 알릴 기회가 무산된 것이 안타까웠다. 하지만 산타 일을 하는 목적은 그저 아이들에게 기쁨을 주기 위한 것이라고 다시 한 번 되새기며 스스로를 위로했다.

정해진 두 시간여의 행사가 끝나갈 무렵, 린다가 출입문 근처에서 두 명의 여자와 이야기 하는 것을 보았다. 왠지 뭔가 좋은 일이 일어날 것만 같았다. 모든 행사가 끝나고 문을 나설 때, 그 두 여자가 나를 불러 세웠다. 그녀들은 대외홍보 책임자인 케이 스위트와 특별행사 책임자인 수 스톨이었다. 그녀들은 내게 스톤마운틴 파크의 공식 산타가 돼줄 수 있느냐고 물었다. 나는 그녀들의 제안에 뛸 듯이 기뻤지만, 애써 진정하며 "있고말고요"라고 가능한 한 담담한 목소리로 대답했다.

그리고 이듬해 2월, 그들에게서 전화가 왔다. 그들의 일정과 내 일정은 중복되지 않았고, 일은 순조롭게 진행되었다. 그들은 내게 사진사를 보내 내 소개에 필요한 사진과 비디오를 찍게 했고, 나는 그에 흔쾌히 응했다.

추수감사절이 지난 첫 번째 금요일이 스톤마운틴 파크의 공식 산타로서의 첫날이었다. 그때까지 1년 정도의 시간이 남아 있었으나, 나는 흥분을 감추지 못하고 친구들에게 "내가 스톤마운틴 파크의 공식 산타가 됐어!"라고 자랑을 늘어놓았다.

마침내 꿈이 이루어진 것이다. 스톤마운틴 파크는 매년 크리스마스 때마다 거창한 축하 행사를 여는 것으로 유명

해서 매해 수천 명의 사람들이 몰려들었다. 개장 기념축제는 산 입구의 잔디밭에서부터 시작해 스키를 타는 슬로프를 따라 올라가 산 정상에 있는 기념관에서 끝날 예정이었는데, 그 세부행사로 음악 연주, 합창, 산타의 등장, 그리고 크리스마스 특별 레이저쇼가 진행되기로 했다. 나는 산타로서 이 모든 행사에 참가하기로 되어 있었다.

스톤마운틴 파크에서 산타 일을 맡은 첫해, 행사 주최 측의 계획에 따라 나는 말이 끄는 마차를 타고 행사장에 입장했다. 관광객들이 공원을 일주할 때 타는 멋진 관광용 마차였는데, 나는 마차에 오르면서 말이 끄는 마차를 타고 있는 산타의 모습이 아이들 눈에 이상하게 비치지는 않을까 걱정됐다.

마차를 타고 무대로 행진하는 동안 대부분의 사람들은 마차 안에 산타가 있다는 것을 눈치채지 못했다. 하지만 높은 곳에 앉아 있던 아이들이 마차 안의 나를 발견했고, 곧장 마차 주위로 우르르 몰려들기 시작했다. 바로 그 순간, 한 아이가 중심을 잃고 넘어졌다. 나는 너무 놀라 마부에게 마차를 멈추라고 소리쳤으나, 주위의 소란스러운 음악과 사람들의 함성 때문에 내 목소리는 마부에게까지 미치지 못했다. 나는 그 아이의 다리가 마차 바퀴 아래 깔려 부러졌으리라 생각했다. 하지만 다행히 그 아이는 마차의 뒷바퀴에서 몇 센티미터 정도 떨어진 곳에 넘어져 큰 화를 면할 수 있었다. 그 당시 머릿속을 가득 채운 생각은 '내년에는 절대로 마차를 타고 들어오지 않겠어'라는 것이었다.

그 다음해에는 행사 주최 측과 협의해 산타가 골프카트를 타고 입장해서 잔디밭을 지나 레이저쇼가 진행되는 무대로 이동하기로 했다. 특이할 만한 것은 산타 부인도 또 하나의 카트를 타고 나란히 등장한다는 거였다. 그 누가 골프카트를 탄 산타와 산타 부인을 상상이나 해보았겠는가? 골프카트는 수백 개의 작은 전구와 경찰서에서 빌린 수많은 푸른 조명으로 장식되어 있었다. 경찰이 우리의 카트를 운전했고, 우리는 행진을 시작했다. 행사 당일 날씨가 몹시 추웠음에도 불구하고 행사장 안에는 수많은 인파가 몰려들었다.

그러나 경찰이 카트의 조명을 켠 순간, 우리는 행사 준비에 중대한 실수가 있었음을 알게 되었다. 카트 앞부분에 달린 푸른 조명 때문에 사람들이 우리 산타 부부를 알아보지 못했던 것이다. 깜빡거리는 푸른 조명이 꺼지는 순간, 그 잠깐 동안에만 희미하게나마 우리를 볼 수 있을 뿐이었다. 그래서 우리는 카트 밖으로 몸을 내미는 방법을 생각해냈다. 나는 카트 밖으로 몸을 내밀어 사람들이 내 모습을 온전히 볼 수 있도록 애썼다. 카트 운전자는 요령껏 사람들을 피해가며 잔디밭 중앙으로 카트를 몰아갔다.

모두의 안전을 위해 카트는 어린아이의 걸음마처럼 느린 속도로 움직였다. 이렇게 되자 사람들은 산타와 악수를 하고 이야기를 나누기 위해 카트 위로 올라타기 시작했다. 결국 산타의 카트는 군중에게 둘러싸여 단 1미터도 앞으로 나아갈 수 없게 됐다. 카트에 매달린 사람들은 추운 날씨에도 아랑곳하지 않고 움직이지 않는 카트 속에서 난처해하고 있는 내게 환호를 보냈다.

애니가 타고 있는 뒤쪽 카트도 사정은 마찬가지였다. 아이들은 그녀를 빙 둘러싸고 있었다. 나는 그 와중에도 그녀 쪽을 뒤돌아보면서 그녀의 아름다움에 감탄했다. 너무도 아름다운 '산타 부인'의 모습에 가슴이 벅차올랐다. 어쩌

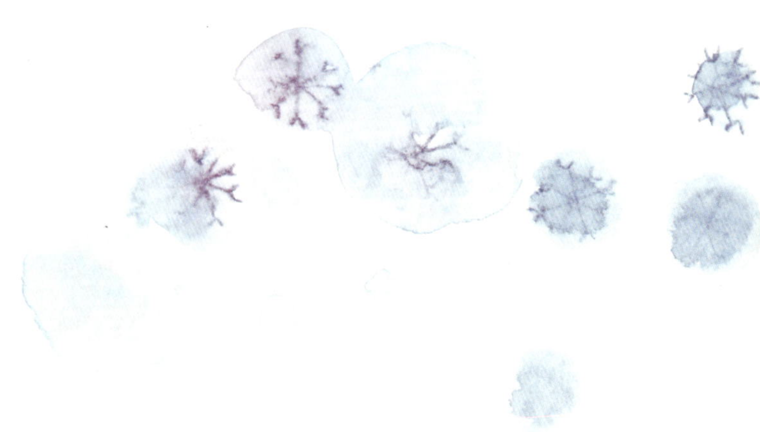

면 나는 산타인 남편을 위해 기꺼이 산타 부인 역할을 열심히 해주는 그녀의 마음에 더욱 반해 있었는지도 모르겠다.

한편, 경찰은 사람들을 헤치고 카트를 앞으로 몰고 가기 위해 진땀을 흘리고 있었다. 어찌됐든 우리가 무대에 도착해야만 레이저쇼가 시작되기 때문이었다. 결국 크고 작은

소동을 겪어가며 겨우 목적지까지 갈 수 있었지만, 카트를 타고 입장하는 것 또한 그리 좋은 아이디어는 아님을 깨달았다. 나는 또다시 다음해에는 다른 방법을 고안해야겠다는 결심을 했다.

눈 깜짝할 사이 1년의 시간이 흘러 어느새 그 다음해 크리스마스가 다가왔다. 산타로 일할 수 있는 행복한 시즌은

언제나 내가 놀랄 만큼 빨리 돌아왔다. 그해 산타 입장을 위한 운반 수단은 불자동차였다. 입장 경로는 작년, 재작년과 같았고, 산타가 불자동차의 지붕에 올라가기로 계획됐다.

나는 지금껏 타본 어떠한 자동차보다 높은 곳에서 관중의 환호에 멋지게 답하리라 예상했다. 산타가 워낙 높은 곳에 있으니까 달려드는 아이들 때문에 입장에 차질이 빚어지는 일은 더 이상 일어나지 않을 거라고 생각한 것이다. 하지만, 이런 기막힌 아이디어도 결국 실패로 돌아가버렸다.

매년 그러하듯 행사 당일의 날씨는 꽤 추웠지만, 불자동차는 제시간에 도착했고, 소방대원과 나는 입장을 알리는 신호가 나올 때까지 잡담을 나누고 있었다. 그때까지는 모든 것이 순조롭게 진행될 것만 같았다. 그들은 오늘의 행사를 위해 불자동차를 깨끗하게 세차하고 반짝반짝 윤도 냈다고 자랑스럽게 말했다. 그들의 말처럼 과연 불자동차는 깨끗했고 반짝거렸다. 드디어 출발할 시간이 되었고, 나는 불자동차의 지붕으로 올라갔다. 그런데 이게 웬일인가! 소방대원들이 자동차에 윤을 내는 것에만 몰두한 나머지 지붕에 남아 있는 비누거품을 미처 제거하지 못한 것이다. 어쩔 수 없이 입고 있던 산타 옷을 벗어 고인 물기를 닦아냈다. 살을 에는 듯한 칼바람에 온몸이 얼어붙기 시작했다.

하지만 나는 죽을 힘을 다해 참았고, 덕분에 행진은 예정대로 잘 진행되었다. 순조로운 진행에 기분은 좋았지만, 온몸이 덜덜 떨렸고, 아무리 입을 굳게 다물려 해도 치아들이 자기들 멋대로 와들와들 떨려댔다. 다행히 불자동차의 꼭대기에 있는 나와 관중들은 멀리 떨어져 있었기 때문에, 그들은 나의 손짓과 미소 뒤에 가려진 치아의 요동 소리를 듣진 못했을 것이다.

그리고 나는 불자동차를 타고 행진하는 동안, 바퀴가 두 겹으로 이루어진 이 거대한 불자동차가 지나갈 때 누군가 미끄러운 눈길에 미끄러지기라도 하면 어쩌나 염려되었다. 그리고 내 염려대로 위험한 순간은 여지없이 오고야 말았다.

여섯 살쯤 되어 보이는 한 남자아이가 갑자기 앉아 있던 자리에서 벌떡 일어나 불자동차를 향해 쏜살같이 달려오는 것이 아닌가. 나는 차마 그 위험한 순간을 보지 못하고 고개를 돌려 눈을 질끈 감아버렸다. 비극을 목격할 자신이 없었기 때문이다. 그런데 그 순간 열두 살쯤 되어 보이는 여자아이가 그 남자아이의 뒤를 쫓아와서는 팔을 낚아챘다. 아마도 남자아이의 누나였을 것이다. 손에 땀을 쥐게 하는 위기일발의 순간이었다. 나는 그제야 콧등의 식은땀을 닦아내며 "메리 크리스마스 산타, 하느님 감사합니다!"라고 감사의 기도를 올렸다.

몇 해에 걸친 산타 입장 소동으로 인해, 결국 행사 주최 측은 다음부터 산타가 입장할 때 그 어떤 자동차도 동원하지 않겠다고 결정했다.

그래서 이번 해에는 산타 입장에 자동차를 동원하는 대신 이전에 사용해왔던 여러 가지 방법들을 응용해보기로 했다. 나는 극비리에 경찰차를 타고 레이저쇼를 위한 프로젝터가 있는 임시 산타 집으로 갔다. 이 산타 집은 잔디밭 바닥 아래에 설치돼 있었는데, 쇼가 시작됨과 동시에 땅속에서부터 지표면으로 솟아오르도록 고안되었다. 나는 이 산타 집의 유리문 앞에 서 있다가 쇼가 시작되면 문을 열고 밖으로 나가 관중들과 인사를 나누며 잔디광장 앞에 마련

돼 있는 무대로 걸어가도록 되어 있었다. 이 아이디어는 약간의 결점만 빼면 꽤 괜찮은 계획이었다.

나는 조명을 받으며 산타 집과 함께 땅 위로 올라왔고, 환호하는 관중들에게 미소로 답하며 손을 흔들었다. 내 장인어른이 이 장면을 비디오카메라에 담고 있었는데, 나는 멋지게 보일 내 모습에 의기양양해 있었다. 하지만 그 다음이 문제였다.

산타 집이 완전히 위로 솟아올라와 유리문을 열고 나가려고 할 때였다. 당혹스럽게도 문이 열리지 않았다. 여러 번 반복해 문 열기를 시도했지만 문은 꿈쩍도 하지 않았다. 나는 너무 당황한 나머지 얼굴이 새파랗게 질렸다. 레이저 쇼를 준비하던 진행요원 하나가 손을 휘휘 내저으며 고함을 쳤다.

"더 세게 당기세요, 더 세게!"

나는 있는 힘을 다해 문을 잡아당겼고, 어느 순간 매서운 공기가 순식간에 밀려들어왔다. 간신히 유리문을 연 것이다. 무대 조명이 당황한 내 얼굴을 여실히 비추고 있었다. 장인어른의 비디오 녹화 덕에 그때 당시 새파랗게 질린 내 얼굴을 다시 한 번 확인할 수 있었다.

　무대로 걸어가면서 나는 계속해서 관중들을 향해 손을 흔들었다. 조명이 내게서 떠날 때까지 손을 흔들어야 했다. 이윽고 나를 비추던 조명이 꺼졌고, 내가 무대 뒤로 사라짐과 동시에 레이저쇼가 시작됐다. 너무나 환상적인 쇼였다. 아이들은 레이저쇼를 보며 팔짝팔짝 뛰었다.

　지금도 가끔 꿈에서 그때 그 아이들의 기대와 호기심에 가득 찬, 순진무구한 얼굴을 보곤 한다. 그 아이들의 얼굴은 시간의 흐름과 상관없이 언제나 반짝반짝 빛나고 있다.

산타, 꼬마요정들을 만나다

스톤마운틴 파크에서 산타 일을 하면서 나의 마음을 가장 많이 빼앗았던 매력적인 사람들은 매일 밤마다 나와 함께 연기를 하는 꼬마요정들이었다.

행사 첫날 저녁, 행사를 앞두고 나는 산타 옆에 체구가 작은 꼬마요정 몇몇이 함께할 거라는 얘기를 전해듣고는 참 재미있겠다는 생각을 하며 그들을 만날 생각에 설레었다. 그런데 정작 행사 시간이 되자 요정들의 존재를 까맣게 잊고 말았다.

나는 자동차를 타고 군중 속을 헤쳐서 무대로 나아갔고, 무대로 쓰기로 되어 있는 기차역의 치킨집 안으로 들어갔다. 실내 중앙에는 15센티미터 정도 높이의 산타 의자가 마련되어 있었는데, '아이들이 내 무릎에 앉아 있다가 바닥으로 살짝 떨어지면 그것 또한 재미있겠구나'라는 생각이 들어 혼자 빙그레 웃었다.

그런데 의자 위에는 쿠션이 없었다. 그냥 딱딱한 의자였다. 나는 너무 당황스러웠다. 바닥은 물론이고 등 뒤에도 쿠션이 없어서, 장장 네 시간 동안이나 그 딱딱한 의자에 앉아 산타 역할을 해야 한다는 얘기였다. 끔찍했다. 내 허리와 등이 과연 견뎌낼 수 있을지 걱정됐다. 사전에 미리 무대를 한번 살펴봤더라면 좋았을걸 하는 후회가 스쳐갔다.

의자에 앉기 전 나는 이 행사를 주관한 수에게 쿠션이 필요하다고 말했다. 내 말에 수는 집으로 달려가 그녀의 푹신한 침대쿠션을 가져다주었지만, 내일부터는 휠체어처럼 생긴 쿠션을 가져와야겠다고 생각했다.

온 신경이 쿠션에만 쏠려 있어서 그런지, 나는 나와 함께할 꼬마요정들을 만나는 순서가 돼서야 그들의 존재를 상기했다. 그들과 나는 초면이었지만, 잠시 후 행사가 시작되면 우리를 만나러 온 꼬마들 앞에서 다정하게 얘기하며 오랜 우정을 지닌 산타와 요정 역할을 잘 해내야 했다. 다행히 행사는 성공적으로 마무리됐다. 4시간의 행사가 모두 끝난 후 나는 꼬마요정들과 정식으로 인사를 나누고 수고했다는 칭찬을 아끼지 않았다. 미리 그들을 만나 인사도 하고 짧게나마 대화를 나누지 못한 점을 아쉬워하며 미안한 마음도 전했다.

그때 그 요정들은 모두 형제자매들로서, 애틀랜타 교외 엘런우드에 살고 있었다. 그들은 그 다음 몇 해 동안도 계속 크리스마스 행사에 참여했고, 나는 그들의 또 다른 가족들도 알게 되었다. 그 가족은 아이들이 좋아하는 꼬마요정들이자 너무도 선량한 사람들이었다. 그중 메리 엘리스와 피트 부부는 정말 재미있는 사람들이었다. 그들은 크리스마스 시즌만 되면 요정으로 변신해왔는데, 그들은 내가 산타를 해온 것보다 훨씬 더 오랫동안 요정 역할을 해왔고 그야말로 요정 같은 기쁨과 행복을 사람들에게 나눠주며 살고 있었다.

나는 피트 부부에게서 소중한 것들을 많이 배웠는데, 무엇보다 부부가 자녀를 대하는 모습, 서로에게 충실한 모습, 그리고 타인인 나를 배려하는 모습에서 정말 많은 것들을 배울 수 있었다. 비록 왜소한 체구를 가진 사람들이었지만, 그것은 단지 외적인 모습에 지나지 않았다. 그들은 다른 사람들에게 너무도 큰 사랑과 인자하고 온화한 미소를 한결같이 베풀고 있었다. 체구는 작지만 내면의 인격만은 얼마나 클 수 있는지를 몸소 보여주고 있었다.

나는 진정한 꿈을 이루는 데 외형적인 조건은 아무 걸림돌이 되지 않음을 다시 한 번 마음속 깊이 깨달았다.

스타가 된 산타

유명 미술가 앤디 워홀은 다음과 같은 유명한 말을 남겼다.

"모든 사람에게는 일생 중 약 15분 동안 다른 사람들의 관심을 받을 만큼 유명해지는 순간이 있다."

그런데 때로는 이러한 순간이 2분 동안 폭발적으로 이뤄지기도 한다. 그리고 그 누구도 자신을 극도로 행복하게 만들어주는 이런 유명세를 마다할 리는 없을 것이다.

1992년 3월, 《애틀랜타 지방신문》에 내가 운영하는 휠체어 수리회사인 FODA에 관한 기사가 실렸다. 이 기사는 발표된 후 여러 가지 반향을 불러왔다. FODA를 돕기 위해 돈과 장비를 기부하는 개인과 회사들이 눈에 띄게 많아진 것이다. 그리고 반향은 여기에 그치지 않았다.

1992년 12월 초, NBC 보도국의 애틀랜타 지국장이 우리 집으로 전화를 걸어와 애니에게 휠체어기부운동을 펼치는 산타에 대해 보도하고 싶다고 제안했다. 앤은 당시 외부에서 산타 행사를 하고 있던 나를 대신해 그 제안을 받아들였다.

그 다음날 나는 NBC 보도국 지국장인 데이비드 리그스와 통화를 했다. 그에게는 뇌성마비에 걸린 장애인 아들이 있는데, 신문에 실린 내 기사를 읽고는 연락할 마음을 먹었다고 했다. 나는 뉴스 방송의 엄청난 힘을 실감하면서 좋은 기회를 주신 하느님께 감사드렸다.

지국장과 만난 다음날부터 뉴스 제작진들이 FODA를 방문해 나와 함께 촬영 계획을 세웠다. 그들은 또 스톤마운틴 파크도 방문해 산타 행사를 촬영할 일정을 잡았다. 촬영은 관객이 몰리기 전인 저녁 6시 이전에 하기로 결정했다.

그리고 FODA에서의 촬영 시간엔 파란색 FODA 유니폼 대신 산타를 상징하는 빨간 셔츠를 입기로 했다. 나는 해병대 근무 시절 이런 종류의 촬영을 두어 번 해봤기 때문에 무엇을 해야 하는지 대충 알 수 있었고, 그리 긴장하지도 않았다. 적어도 밥 도슨이 방으로 들어오기까지는 그랬다.

밥 도슨은 정말 멋진 방송인이었다. 나는 그의 다양한 경험담들을 좋아했다. 그런 그가 나를 인터뷰하러 오리라고는 생각조차 못했기에 그의 등장에는 다소 긴장할 수밖에 없었다. 그래도 무난하게 인터뷰를 마칠 수 있었다.

어찌 되었던 인터뷰를 했고, 이번 산타 행사 촬영의 스타가 될 만한 한 인물을 스톤마운틴 파크로 초대했다. 그는 라이언 머서라는 젊은 청년으로, 근육마비증을 앓고 있는 장애인이지만 매우 밝고 명랑한 영혼을 소유한 사람이었다. 나는 라이언이 자신의 기지와 재치를 발휘해 쇼를 압도할 거라고 기대했다. 또 다른 스타도 초대했는데, 내가 가장 좋아하는 아이들인 여섯 살 린지와 네 살 스티비, 그리고 두 살 반 민디와 그들의 부모 제프와 캐시였다. 그들은 변함없는 인품을 지니고 있었고, 그들의 아이들 역시 산타가 실재한다고 철석같이 믿을 만큼 맑고 순수했다.

촬영 당일 저녁, 촬영 장소인 스톤마운틴 파크의 치킨집 부엌에서 나왔을 때, 나는 내 눈을 의심했다. 치킨집 안이 사람들로 초만원을 이루고 있었던 것이다. 밥, 캐시 부부, 그리고 그들의 딸들을 비롯해 라이언 부모의 모습도 보였다. 산타를 보러 온 사람들의 줄도 길게 늘어서 있었다. 식당 안은 산타를 보러 온 사람들 외에도 단순히 치킨을 먹으러 온 사람들도 꽤 많아서 발 디딜 틈 없이 붐볐다. 일부러 사람들이 드문 시간에 촬영하기로 했던 애초의 계획과는 달리 촬영 장소 안은 엄청난 사람들로 터져나갈 듯했다.

촬영 전에 캐시 부부의 귀여운 딸들과 오붓하게 만나 그들과 함께할 촬영에 대해 얘기해주고 싶었지만, 촉박한 촬영 계획에 차질을 빚을 수도 없었기에 아쉬워도 캐시 부부만 따로 만나 상황 설명을 하고 촬영에 임했다. 뿐만 아니라 무대로 향하면서도 캐시 부부의 딸들에게 특별한 관심을 보일 수가 없었다. 그 아이들은 내가 자기들을 얼마나 끔찍이 사랑하는지를 알고 있었기에, 내가 그들을 외면하고 빠르게 지나치자 놀란 기색이 역력했다. 하지만 촬영은 단 몇 분에 불과했으므로 아이들이 나를 이해해줄 것이라고 믿었다.

촬영이 시작되기 직전, 음향기사는 마이크를 설치했고,

카메라 기사는 큐 사인을 기다리고 있었다. 나는 산타 의자
에 앉았고, 캐시 부부의 아이들을 내게로 불렀다. 아직 의
아한 표정이 가시지 않은 그들에게 시치미를 떼고 환영의
인사를 건넨 뒤 민디와 스티비는 왼쪽 무릎에, 린지는 오른
쪽 무릎에 앉혔다. 카메라는 계속 움직이기 시작했다.

나는 먼저 린지와 이야기를 나누려고 했다. 어린아이일
수록 언니가 한 말을 되풀이하는 경향이 있다는 것을 알기
에 가장 큰 언니인 린지와 이야기를 시작할 참이었다.

모든 준비가 끝났을 때, 나는 린지에게 "린지야, 크리스
마스 선물로 뭘 받고 싶니?"라고 물었다.

"자전거를 받고 싶어요."

린지의 대답이 끝나기가 무섭게 내 왼쪽 무릎에 있던 스
티비가 외쳐댔다.

"나도 자전거요!"

빙그레 웃으며 나는 민디에게도 물어봤다.

"너도 자전거니?"

민디는 고개를 끄덕였다.

고개를 돌려 다시 린지를 보자 이번에는 바비인형이 갖고

싶다고 했다. 그와 동시에 민디도 똑같이 바비인형이 갖고 싶다고 말했다. 그 옆에 있던 스티비의 대답도 역시 마찬가지였다. 기다렸다는 듯이 린지가 세 번째로 받고 싶은 선물을 얘기했고, 민디와 스티비의 대답도 아까처럼 린지와 같았다.

나는 린지와 스티비를 차례로 보며 이렇게 말했다.

"우리 꽤 괜찮은 메아리를 가지고 있지?"

그리고 미소 지으며 다시 한 번 말했다.

"우리는 똑같은 메아리를 가지고 있구나. 그렇지?"

아이들은 둘 다 고개를 끄덕였다.

이번에는 민디 쪽을 쳐다보았다.

"민디야, 너 크리스마스에 받고 싶은 게 또 있니?"

그러자 민디는 고개를 가로저었다. 민디는 언니들이 받은 선물을 자기도 똑같이 받기만 하면 그만이라는 표정이었다.

방송사 측에서는 아이들과 만나는 것 외의 다른 촬영을

원했지만, 나는 아이들과의 대화를 계속해나갔다. 세 자매에 이어 라이언을 비롯한 두 명의 아이들과도 이야기를 나누었다. 결국 방송 제작진들이 계획한 대로 된 것은 아무것도 없었지만, 나는 내 나름의 소신대로 진행된 촬영이 좋은 프로그램을 만드는 데 충분히 좋은 자료가 될 것이라고 생각했다. 그러면서 나와 아이들이 촬영한 장면들이 어떻게 편집되어 나올지 궁금하고 기대되었다. 방송에 관해 잘 알지는 못했지만, 30분 동안의 뉴스쇼 중 한 코너를 만들기 위해서는 충분할 만큼 많은 장면들을 찍었으며, 그날 나와 아이들이 주고받은 사랑은 그 프로그램을 감동으로 꼭 채우기에 충분하다고 믿었기 때문이었다.

다음날 방송사 관계자 데이비드 리그스에게서 전화가 왔다.

"아주 훌륭한 장면들이에요. 편집이 끝나면 며칠 후 뉴욕에서 방송될 예정인데, 시간 정해지면 알려드릴게요."

그 며칠이 마치 몇 달처럼 길게 느껴졌다. 드디어 며칠 뒤 그에게서 전화가 왔고, 방송 날짜가 23일이라고 알려주었다. 그날의 뉴스 마지막 부분에 방영될 예정이라고 했다.

그런데 그날 저녁 나는 샌디스프링에서 산타 행사를 하기로 돼 있었다. 어느 광고회사에서 직원들을 위한 파티에 산타를 초청한 것이다. 방송 예정 시간인 오후 6시 30분에 과연 텔레비전을 볼 수 있을지 걱정이 앞섰다.

방송일을 앞두고 애니와 나는 몇몇 친구들에게 전화를 했다. 그리고 방송을 녹화할 비디오테이프도 준비했다. 드디어 23일이 되었고, 나는 우선 광고회사 파티행사에 갈 수밖에 없었다.

호화롭게 장식된 파티장은 많은 사람들로 붐볐다. 주최측에서는 내가 무대로 나가기 전 먼저 다른 방에서 아이들과 대화 시간을 가질 수 있는지 물었다. 나는 흔쾌히 승낙했다. 아이들과 얘기를 나누는 것은 언제 어디서건 기꺼이 하고 싶은 행복한 순간이기 때문이다. 아이들과의 대화 때문에 방송을 보고 싶다는 아쉬움도 덜어지고 훨씬 유쾌해진 마음으로 무대로 향했다.

그런데 무대에는 야외극장에나 있을 법한 거대한 스크린이 설치되어 있었다. 나는 곧 그것이 텔레비전 화면이란 것을 알았다. 그 순간, 막 불이 켜진 전구처럼 내 머릿속이 환해졌다. 나는 재빠르게 소매를 걷어올린 다음 앙증맞은 만화그림 손목시계를 보았다. 6시 30분이 다 되어가고 있었다. 나는 두 여자아이를 내 무릎에 앉힌 채 사회자에게 NBC 방송을 틀어달라고 부탁했다.

채널을 돌리자 아직 광고가 나오고 있었다. 이윽고 앵커인 톰 브로코가 나와서 무슨 얘긴지를 했는데, 알아듣진 못했다. 잠시 후 화면에서는 빨간색과 하얀색이 어우러진 소매에 흰 장갑을 낀 산타의 팔이 보였다. 그리고 내 얼굴이 화면에 나타났다.

사회자는 TV 화면과 내 얼굴을 번갈아 보더니 놀라서 외쳤다.

"우리의 산타가 뉴스에 나왔어요, 여러분 모두 보세요!"

이내 행사장 안에서 환호성이 터져나왔다. 나는 벌떡 일어나 인사를 하고는 다시 앉았다. 지금 이 순간 얼마나 많은 사람들이 이 장면을 보고 있을까? 나는 도대체 TV에서 무슨 말을 하고 있는 건지 하나도 알아들을 수 없었지만, 화면 속에는 매우 달콤하고 행복한 미소를 짓고 있는 내가 있었다. 나는 흥분됐고, 온몸에 전율이 흘렀다.

방송을 보는 내내 행복했던 마음을 고스란히 담고 사람들이 기다리고 있는 방으로 갔다. 그리고 나를 기다리고 있던 많은 사람들에게 어떻게 해서 NBC 방송에 출연하게 됐는지에 대해 자세히 얘기해줬다. 그들은 광고회사의 직원이니만큼 황금 시간대, 그것도 가장 피크타임인 2분 동안의 방송을 위해서 얼마나 많은 돈을 지불했는지를 먼저 궁금해했다. 하지만 나는 이런 질문에는 관심이 없었거니와 대답하기도 싫었다. 오직 이 방송이 내가 하는 선교 활동에 얼마나 긍정적인 영향을 미치게 될 것인가가 알고 싶을 뿐이었다.

그 방송을 본 많은 사람들이 모두 내게 전화해 나의 선교 활동을 지원하겠다고 나서지 않을까, 너무 많은 사람들이 돕겠다고 나서서 감당할 수 없을 만큼 기금이 모이면 어떻게 할까 하는 즐거운 상상을 하며 내 가슴은 애드벌룬처럼 부풀어갔다.

행사가 끝나자마자 집으로 향하면서 아내에게 전화를 했다.

"환상적이었어요, 여보!"

애니 역시 흥분을 감추지 못했으며 목소리가 가늘게 떨

리기까지 했다.

"방송 이전부터 전화가 쇄도했어요! 어떤 지역에서는 이 뉴스가 우리 지역보다 일찍 방송된 모양이에요. 어떻게 반응이 이렇게나 빠를 수 있죠?"

내가 집으로 들어가서 산타 옷을 벗는 동안에도 애니는 내내 전화를 받고 있었다. 내가 비디오 리모컨을 들고 녹화된 방송을 재생하려는 동안에도 끊임없이 전화가 울려댔다. 그 뒤로도 우리는 2시간 동안, 아니, 그 다음날, 그 다음주까지도 전화를 받느라 정신을 차릴 수 없었다.

전화뿐만 아니라 편지 역시 쇄도했다. 수많은 편지들에는 '휠체어 산타 앞', '휠체어를 만드는 산타' 라는 수신인이 적혀 있었다. 간혹 '스톤마운틴' 처럼 수신인 주소가 불분명한 편지도 있었는데, 내가 워낙 유명세를 톡톡히 치른 덕인지 우편배달부 찰리가 알아서 집으로 배달해주었다. 우리는 하루에 100통도 넘는 편지를 받았다. 모든 편지에 정성스러운 답장을 보내고 싶었지만, 그건 도저히 불가능했다.

또한 많은 이들이 수표와 물품을 보내주었다(그들 중 몇몇은 그로부터 몇 년이 지난 후에도 매해 선교 활동을 위한 수표를 보내준다). 우리는 그들이 보내준 물품을 그것을 절실히 필요로 하는 이들에게 다시 발송했다.

식품점이나 식당에서 만나는 낯선 사람들도 우리에게 다가와 악수를 청했고, 만나는 사람마다 TV 방송 이야기를 꺼냈다.

그것은 분명 행복하고 즐겁고 흥분되는 경험이었다. 나는 이 모든 영광을 하늘에 계신 하느님께 돌리려고 노력했다. 이러한 기적은 내가 아닌 하느님의 힘으로 마련된 것이기 때문이다. 나는 진실로 내가 보잘것없는 사람이라고 생각한다. 하느님의 은총으로 구원을 받아 영광스러운 일에 동참하게 된 것일 뿐이다.

나는 진실로 고백한다. 내 삶이 사랑과 봉사로 채워질 수 있었던 건 모두 하느님의 축복을 받았기 때문이라고. 그분이 주관하시는 일에 내가 초대된 것뿐이라고. 나는 결코 아무것도 아닌 존재라고.

앞으로 남은 삶 안에서도 이제껏 그래왔던 것처럼 아이들 곁에서 푸근하게 웃고 있는 산타클로스이고 싶다. 그렇게 하느님의 사랑을 실천하고 싶다.

아메리칸페어에서의 모험

그위네트플레이스 몰에서 두 해를 보낸 나는, 1991년 크리스마스 시즌을 위한 새로운 장소를 물색하고 있었다. 그땐 이미 주말 저녁 6시에서 9시까지는 스톤마운틴 파크에서 행사를 하고 있었지만, 나머지 시간에 다른 곳에서도 산타 행사를 하기 위해서였다.

나는 전문 사진작가이자 교회 친구인 댄 건에게 전화를 했다. 만일 그의 구레나룻이 검은색이 아니라 흰색이었더라면, 그 역시 훌륭한 산타가 될 만한 인물이었다. 댄은 산타 행사를 하기 위한 또 다른 장소를 찾고 있는 내게 유용한 도움을 줄 수 있는 친구였다.

특히 인물사진과 결혼사진을 전문으로 찍던 댄은 어느 날 내게 산타 행사를 하는 내 모습을 찍고 싶다고 제안했다. 그와 내가 함께 일할 기회가 생긴 것이다.

그는 우선 스톤마운틴 파크 안에 있는 케이마트 계열의 대형매장인 아메리칸페어의 지배인에게 전화를 걸어 그곳에서의 사진촬영을 허락해달라고 요청했다. 그 지배인은 우리가 필요한 경비를 부담한다면 사진촬영을 해도 좋다고 허락했다. 이에 따라 우리는 아메리칸페어에서의 사진촬영 계획을 세우게 됐고, 촬영에 필요한 세부사항은 댄이 점검하기로 했다. 나는 산타 옷을 입고 약속된 시간과 장소에 나타나기만 하면 되는 거였다. 댄이 나의 모든 부담을 덜어준 것이다.

그런데 사진촬영 당일에 그 장소에 가보니 그곳에는 나와 진행자들뿐이었다. 우리를 보기 위해 찾아온 관중은 거의 없었다. 댄과 나는 이제 겨우 첫 주이니만큼 홍보 부족으로 사람들이 덜 모인 것이라고 생각하며 신경 쓰지 않기로 했다.

그렇게 얼마의 시간이 흘렀을까? 우리들의 첫 관중인

‘그 아이’가 나타났다. 두 살쯤 되어 보이는 그 여자아이는
마치 인형처럼 아주 작았다. 그 아이는 너무나 가늘어서 금
세라도 휠 것 같은 다리로 우리가 있는 무대를 향해 달려왔
다. 여린 팔을 힘차게 흔들었고, 갈색의 곱슬머리는 바람에
휘날렸다. 그 모습은 눈부신 햇빛이 가득한 들판에서 바람
에 흔들리는 이름 모를 꽃 무더기를 연상케 했다.

무대로 향해 있는 계단을 부지런히 올라오던 그 아이는
나와 2미터 정도 떨어진 지점에서 갑자기 멈춰 섰다. 내 얼
굴을 찬찬히 바라보던 그 아이의 얼굴에서 순간 미소가 사
라지는가 싶더니, 그 아이는 재빨리 되돌아서서 계단을 뛰
어 내려갔다. 그리고는 자기 엄마 품속으로 달아나버렸다.

아이의 엄마가 조금 당황했는지, 무대 옆으로 와서 “죄
송해요, 산타”라고 말했다. 나는 “괜찮아요, 대부분의 아이
들이 다 그래요. 아이를 다시 여기로 데리고 오시면 그땐
아마 제 무릎 위에서 뛰어놀면서 좋아할 거예요”라고 말해
줬다. 그 아이의 엄마는 다시 오겠다는 말과 함께 아이를
데리고 그곳을 떠났다.

다음날, 그 아이와 아이 엄마가 다시 찾아왔다. 그 아이

는 전날과 마찬가지로 무대 계단을 올라와서 나를 힐끗 쳐다보고는 그대로 돌아서 내려가버렸다. 그 아이의 엄마는 다시 난처한 표정으로 내게 다가와서 딸아이가 왜 그러는지 알 수 없다고 했다.

"얘는 누구에게나 매우 다정한데 말이에요."

"그럴 만도 하죠. 아이가 만난 사람들 중에 흰 구레나룻을 기르고 빨간 옷을 입은 사람이 얼마나 됐겠어요?"

내 말에 아이의 엄마는 눈이 없어질 만큼 환하게 웃었다

"앞으로 계속 오세요. 조금씩 저에게 익숙해질 거예요."

아이 엄마는 내가 제안한 대로 나흘 동안 계속 찾아왔다. 하지만 올 때마다 아이의 행동은 똑같았다. 마치 비디오를 되풀이해서 보는 듯했다. 나흘째 되던 날, 나는 아이 엄마에게 "오늘 밤에는 스톤마운틴 파크에서 행사를 하니까 거기서 만났으면 좋겠어요"라고 말했다.

그날 밤 그들은 그곳으로 왔다. 그 자그마한 여자아이는 줄을 서서 나를 만날 차례를 기다리고 있었다. 나는 속으로 '오늘 밤에는 그 애가 내 무릎에 앉을 거야'라고 확신했다.

그런데 이게 웬일인가! 자기 순서가 되자 그 아이가 나

를 보고는 또 획 돌아서서 출구 근처에 서 있는 아빠에게로
달려가는 게 아닌가. 그 아이는 아빠의 품에 안겨서 고개를
가로저었다. 나는 아빠와 아이의 대화 내용을 충분히 짐작
할 수 있었다. 아이의 아빠는 딸에게 산타에게 가서 안겨보
라고 했을 것이고, 그 아이는 자기에겐 무척이나 심각한 이

유로 싫다고 했을 것이다.

 그 다음날 아메리칸페어에 그 아이가 다시 나타났다. 여느 때와 같이 그 아이는 무대 계단을 올라왔다. 그런데 언제나 멈춰 섰던 그 자리를 지나쳐 내게 조금씩 다가왔다. 조마조마하면서도 옷을 다림질하듯 내 마음이 펴지는 것 같았다. 나는 조심스레 아이를 향해 팔을 내밀었고, 아이는 웃음이 가득한 얼굴로 내 품에 안겼다. 믿을 수가 없었다. 그리고 또한 믿을 수 없을 만큼 가슴 가득 기쁨이 피어올랐다. 나는 그 아이를 내 무릎에 앉히고 몇 마디 말을 주고받기 시작했다. 그 아이는 자기를 '착한 아이'라고 연거푸 강조해 소개하더니, 여느 꼬마들처럼 기대에 부푼 얼굴로 크리스마스 선물 목록을 열거하기 시작했다.

댄이 그 광경을 몇 컷의 사진과 비디오에 담았다. 나는 내 무릎에 앉아 웃고 있는 그 아이에게 "내게로 와줘서 고맙다"고 말한 뒤, 그 아이를 내 무릎에서 들어 올려 바닥에 조심스럽게 내려주었다. 그 아이는 언제나 그랬듯이 특유의 몸짓으로 무대에서 뛰어내려 엄마에게로 갔다. 엄마를 쳐다보는 아이의 얼굴에는 안도의 표정이 역력했다.

그 아이뿐만 아니라 대부분의 아이들이 처음부터 산타에게 친숙하게 안기지는 못한다.

나는 1991년 한 해 동안만 아메리칸페어에서 행사를 했고, 그 이듬해부터는 다시 스톤마운틴 파크에서만 행사를 했다. 나는 그곳에서 그 아이를 다시 만나기를 기대했으나,

그 아이는 나타나지 않았다. 그리고 그 아이를 다시 만나기까지는 몇 년의 세월이 더 걸렸다.

그로부터 4년 후인 1995년 크리스마스 행사에서 나는 어느 여섯 살짜리 여자아이와 매우 즐거운 대화를 나누게 되었다. 나와의 대화를 마친 그 아이는 다른 애들과 마찬가지로 자기 엄마에게로 달려갔는데, 나는 아이의 엄마를 보는 순간 그 아이가 4년 전 겨울에 아메리칸페어에서 여러 번 만났던 갈색 곱슬머리의 여자아이임을 깨닫게 되었다. 그녀는 4년 동안 다른 지방으로 이주해 살다가 올해 다시 이곳으로 돌아왔는데, 자신의 딸이 '나의 산타클로스'를 만나러 가자고 졸라서 다시 왔노라고 했다. 그 아이는 4년 전 아메리칸페어에서 찍은 사진을 소중히 간직하며 자신의 침대 맡에 걸어놓고 있다고 했다. 그 말을 듣는 순간, 온몸에 전율이 느껴질 만큼 기뻤다. 그 어린아이가 나에 대해 간직하고 있는 예쁜 마음이 내 안으로 들어왔기 때문이었다.

때로는 사랑을 실질적으로 표현해야 할 때도 있다.

한번은 다섯 명의 남매들이 한꺼번에 무대 위로 올라온 적이 있다. 그 아이들을 본 순간 나는 그 아이들이 물질적인 도움이 필요한 가정의 아이들임을 직감적으로 알 수 있었다. 그 아이들이 입은 옷은 깨끗했지만 낡았고, 아이들의 머리는 제때 자르지 못해 길게 늘어져 있었다. 첫째는 열두 살쯤 되어 보이는 여자아이였고, 막내는 세 살쯤 되어 보이는 사내아이였다. 그 아이들은 건강하고 활발했으며, 엄마는 아이들을 돌보느라 정신이 없어 보였다.

나는 첫째 아이부터 대화를 나눠보고 싶어서 그 아이를 쳐다보았다. 하지만 그 아이가 자기는 맨 마지막에 이야기하고 싶다고 했기 때문에, 나는 처음 의도한 것과는 반대로 막내 꼬마에게 제일 먼저 말을 걸어보았다. 그리고 어린 순서대로 한사람 한사람씩 대화를 나눠보았다. 그 아이들이 원하는 것들은 여느 아이들과 다르지 않았다.

첫째 아이는 나와 이야기를 마친 동생들을 한 명씩 안아서 내 무릎에서 내린 뒤 엄마에게 보내고는 다시 내게로 왔다.

첫째 아이는 내 얼굴을 심각한 표정으로 쳐다보며 이렇게 말했다.

"산타할아버지, 제가 꼭 받고 싶은 건 크리스마스 트리예요. 엄마는 아빠가 우리를 떠난 후부터는 크리스마스 트리를 살 돈이 없다고 말씀하세요. 하지만 저는 이번 크리스마스에 그 어떤 것보다 크리스마스 트리가 갖고 싶어요. 제 동생들도 크리스마스 트리가 있으면 너무 기뻐할 거예요. 그리고 우리에게 크리스마스 트리를 사주지 못해 늘 마음 아파하는 엄마도 기뻐하실 거예요."

나는 잠시 무슨 말을 해야 할지 몰라 망설이다가 결국 이런 얘기를 해주었다.

"그래, 크리스마스는 누구나 하나쯤 갖고 있는 꿈이 이루어지는 때지. 네 꿈을 포기하지 마라."

그러고는 그 아이를 따뜻하게 포옹한 뒤 엄마에게로 돌려보냈다.

댄은 내가 그 아이들과 이야기하는 것을 비디오로 찍은 다음 녹화 테이프를 들고 그 가족이 있는 곳으로 갔다. 그들에게 조금 전 녹화된 광경을 VCR을 통해 그 즉석에서 보여주려는 의도였다. 나는 댄에게 그들에게는 테이프를 무료로 주라는 사인을 보냈다. 그리고 멀리서 그 아이들이 테이프를 보면서 즐거워하는 모습을 지켜보았다.

아이들의 엄마는 아이들 뒤에 서서 그들이 즐거워하는

모습을 바라보고 있었는데, 고개를 끄덕이며 행복해하는 엄마의 눈에 어느새 눈물이 맺히는 게 보였다. 그들은 VCR을 다 보고 나서 뒤로 돌아 나가려고 했다. 그러자 댄이 그들을 불러 세워 테이프를 내밀면서 이렇게 말했다.

"산타가 주는 선물입니다. 가지세요."

댄의 말을 들은 아이들 엄마는 테이프를 손에 꼭 들고 그녀의 가슴에 갖다 대었다. 그리고 돌아서서 나를 쳐다보았다. 나는 그녀를 향해 손을 흔들며 미소 지었다. 그녀도 답례로 고개를 끄덕이고는 돌아서 갔다.

잠시 후 댄이 무대 한쪽으로 와서 말했다.

"산타, 자네는 첫째딸 소원대로 그들에게 크리스마스 트리를 사줄 건가?"

나는 "물론이지"라고 대답했다. 그는 고개를 끄덕이더니 매장 안에 있는 상품코너로 갔다.

몇 분 후 나는 그쪽에서 왁자지껄한 소리가 나는 것을 들었다.

여섯 명의 사람들이 지르는 시끌벅적한 탄성 소리였다. 마침 산타를 만나는 줄에 아무도 없었기에 나도 무대를 내려와 소리 나는 곳을 찾아 가보았다. 댄에게 무슨 일이냐고 묻자 그는 잠시 주춤하더니, "내가 그 가족에게 100달러짜리 지폐를 줬어"라고 말했다. 나는 놀랍기도 하고 기쁘기도 해서 너스레를 떨었다.

"그래? 정말 잘한 일이야! 나한테도 그 돈의 반만이라도 주는 게 어때?"

그러자 댄이 쑥스럽게 웃으며 말했다.

"말도 안 되는 소리! 어쨌든 이번에는 내가 산타클로스가 된 거지?"

나는 댄과 함께 다시 산타의 의자로 돌아가면서 이런저런 이야기를 나누었다. 내가 의자에 앉고 나서도 우리는 유쾌한 대화를 멈추지 않았다. 그때 우리를 향해 달려오는 어린 발자국 소리들을 들을 수 있었다. 나에게 달려드는 다섯 남매들 때문에 나는 하마터면 바닥에 쓰러질 뻔했다. 아이들은 나의 무릎이며 어깨, 등을 끌어안고는 감격에 겨운 목소리로 이렇게 외쳤다.

"산타, 고마워요, 정말 고마워요!"

그때 마침 다섯 남매의 엄마가 식품점 카트를 끌고 우리가 있는 곳으로 오고 있었다. 그녀의 눈에서는 눈물이 흐르고 있었다. 그녀는 카트를 세워두고 나를 향해 달려와 두 팔로 의자에 앉아 있는 내 목을 감싸안았다. 그녀의 몸은 훌쩍거림으로 떨리고 있었다. 그녀는 애써 진정하며 이렇게 말했다.

"정말 감사해요. 나는 믿어요, 나는 믿어요."

그러고는 나를 감싼 팔을 거둔 뒤 카트를 끌고 문 쪽으로 사라졌다.

우리를 바라보고 있던 행사 진행원들 사이에서 어떤 웅성거림이 들렸다. 그것은 젖은 목소리였다. 소리가 나는 쪽으로 고개를 돌렸더니 울먹이고 있는 여자 진행원들이 보였다. 댄의 눈가에도 이슬이 맺혔다. 나는 조용히 말했다.

"자네는 마음씨 좋은 산타가 되었고 내가 그 덕을 다 봤네그려!"

그러자 그가 말했다.

"그래, 그게 바로 내가 바라던 거였어."

내가 이미 말하지 않았던가. 댄은 아주 훌륭한 산타가 될 것이라고…….

감기약을 조심하세요
The Dangers of Decongestant

산타 행사를 할 때 가장 큰 걱정거리 중 하나는 병이 나거나 상처를 입어서 해야 할 역할을 제대로 하지 못하는 상황에 처하는 것이다. 수많은 어린이들이 내 무릎에 앉아 얼굴을 가까이 대고 이야기하기 때문에, 그 아이들이 어떤 전염성 질병에 걸려 있었다면 사실 감염은 불가피하다.

한번은 이런 일이 있었다. 산타 역할을 하지 못할 정도는 아니었지만, 그날 아침에 일어났을 때 왠지 몸 상태가 좋지 않았다. 열은 없었지만 콧물이 줄줄 흐르고 눈물도 계속 흘러내렸다. 그래서 나는 아스피린과 함께 24시간 동안 효과

있는 감기약을 먹었다. 하지만 이런 약들이 그러하듯 역시 별로 소용이 없었다. 결국 나는 약효가 훨씬 강한 8시간 지속성 감기약을 먹어버렸다. 아이들의 무릎에 내 콧물을 흘릴 수는 없는 노릇 아닌가?

애니는 집에서 하루 쉬기를 권했지만, 나는 차마 그럴 수 없었다. 물론 아메리칸페어에 그리 많은 아이들이 모여드는 것은 아니었지만, 나는 한 아이라도 실망시킬 수 없었다.

처음 행사장에 도착했을 때는 기분이 괜찮았다. 콧물도 더 이상 흐르지 않았다. 하지만 두 시간쯤 지나자 갑자기 졸음이 오기 시작하면서 머리를 제대로 가눌 수 없을 정도로 기력이 떨어졌다. 일을 시작하기 전에 먹었던 감기약 때문에 심한 졸음이 쏟아지게 된 것이다. 나는 잠시 휴식 시간을 내어 밖으로 나가 찬 바람을 쐬며 걸었지만 아무런 소용이 없었다. 그래서 이번에는 타코벨에 가서 다이어트 콜라를 마셨지만, 여전히 아무런 효과가 없었다. 콜라에 설탕을 좀 타서 마셔야 했나 싶어서 다시 레귤러 콜라를 마셨다. 그래도 아무런 차도가 없었다.

휴식 시간이 끝나고 다시금 아이들이 산타인 내게로 몰

려왔을 때, 아이들 보기에 너무 이상하지 않을 정도로만 깨어 있는 게 내가 할 수 있는 최선이었다. 댄은 사진을 찍다가 무대 뒤쪽으로 와서는 졸고 있는 나를 깨우려고 손으로 무대 마루를 쾅쾅 쳤다. 견디다 못한 나는 비디오 찍기를 중단했다. 이날 찍은 비디오를 집에서 자세히 본 아이들이 산타가 술에 취해 있었다고 생각하면 어쩐단 말인가?

결국 그날의 행사는 길게 이어지지 못했다. 또한 그날 저녁에는 스톤마운틴 파크에 가지 않아도 된다는 사실이 그렇게 고마울 수 없었다. 그날의 행사가 끝나고 나는 겨우겨우 분장실로 가서 옷을 갈아입고는 뒷문을 통해 내 차로 갔다. 나는 자동차에서 잠이 들까 걱정되어 자동차 히터를 끄고 창문을 조금 열었다. 다행히 집에까지 무사히 운전해 올 수 있었다.

집에 도착하자 산타의 빨간 옷이 거실과 2층으로 가는 계단에 널려 있는 듯한 헛것이 보였다. 몇 분 뒤 나는 그대로 쓰러져 잠들어버렸다. 그때 시각이 오후 5시 30분이었다.

잠에서 깨어 일어나 보니 새벽 4시 30분이었다. 그 이후로는 잠이 오지 않아 한 시간가량 이리저리 뒤척이다 침대에서 일어나 아래층 거실로 내려가 신문을 읽었다. 아내가 나를 발견한 것은 그 다음날 아침 8시 30분이었다. 그때 나는 거실 의자에 앉아 신문을 무릎에 올려둔 채로 곤히 잠들어 있었다고 한다.

나는 그 일을 통해 매우 값진 교훈을 얻었다. 감기약을 복용할 때 정량을 초과하면 얼마나 견디기 힘들어지는지 말이다. 무지무지 긴 낮잠에 빠지기를 원하는 게 아니라면 조심해야 할 일이다. 이게 바로 산타에게 주어진 고통스런 일 중 하나다.

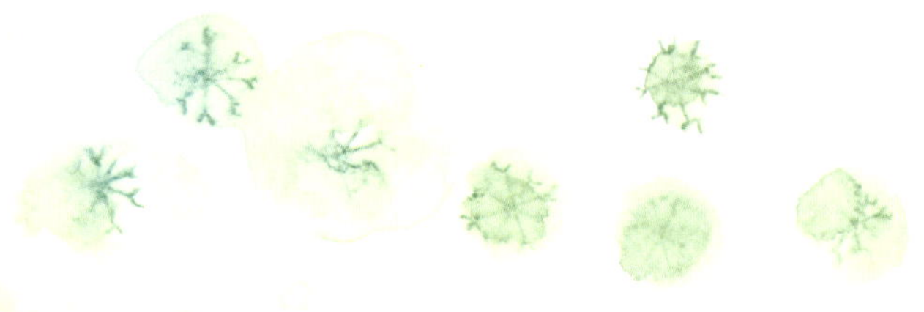

고약한 사람과 재밌는 사람

The Naughty And the Nice

대부분의 사람들은 환상을 가지고 있다. 예컨대, 자신이 할리우드 영화감독에게 발탁돼 유명한 배우가 되어 돈방석에 앉게 되는 식의 꿈 말이다. 산타가 직업인 나는 산타의 얘기를 다룬 영화 〈34번가의 기적(Miracle on 34th Street)〉에 출연하는 환상을 품었었다.

하지만 그런 기대는 빗나갔다. 그렇지만 아마도 〈어니스트 크리스마스 구출작전(Ernest Saves Christmas)〉 정도에는 출연할 수도 있지 않을까 내심 기대했었다. 그러나 이 역시 나의 희망사항일 뿐이었다.

그러던 어느 날 마침내 나도 '제안'이란 것을 받았다.

한번은 《애틀랜타 지방신문》에서 FODA에 관한 이야기를 내 사진과 함께 실은 적이 있었다. 얼마 후 나는 애틀랜타 기프트에 있는 DHR이란 이름의 선물가게로부터 한 통의 전화를 받았다. 그들은 해마다 7월에 크리스마스 선물 쇼를 했는데, 이 쇼에 산타를 출연시키면 많은 관심을 끌 것이라 예상하고 나를 초청한 것이다. 또한 그들은 쇼를 소개하는 책자에 한 페이지를 할애해 산타의 사진을 싣겠다고 했다.

그런데 이 쇼의 주요 관객은 아이들이 아니라 어른들이었기에, 나는 어른을 내 무릎에 앉히고 이야기를 나눌 수 있는 이 흔치 않은 기회를 앞두고 기대에 부풀어 있었다.

DHR은 나에게 자신들의 전속 사진관에 가서 안내책자를 위한 사진을 찍자고 했다. 그리고 며칠 후 그들은 내 사진들이 모두 만족스럽게 나와서 그중에서 어떤 사진을 고를지 애를 먹었다는 말과 함께 두 달쯤 후에 있을 쇼 개막식에서 만나자고 했다.

7월이 되자 한여름에 산타 옷을 입는다는 것이 어색했다. 특히 애틀랜타의 7월은 어찌나 찜통 같은 더위가 극성

이던지! 내가 밴에서 내려서 엘리베이터를 향해 걸어가자 애틀랜타 몰의 관리인이 나를 아주 이상한 눈초리로 쳐다보았다. 나는 산타가 되고 나서부터 사람들이 나를 이상한 시선으로 쳐다보는 것에 많이 익숙해져 있었다. 그렇다고 해도 사람들 눈에는 한여름에 산타 옷을 입고 나타난 내가 충분히 이상해 보일 것이다. 하지만 산타 옷이 내가 갖고 있는 정장 중에서 가장 비싼 옷이다. 부츠부터 시작해서 모자에 이르기까지 600달러나 주고 구입했다. 산타 옷은 내가 가장 좋아하는 해병대 장교 정복보다도 비쌌다.

나는 쇼가 열리는 며칠 전부터 마음의 준비를 하고 있었다. 산타 옷을 입고 문을 열고 들어서면, 아이들이 아닌 아줌마들이 환호하며 나를 맞아준다는 것이 상상이 되지 않았다. 아마 그 아줌마들은 각자 마음속으로 한여름의 크리스마스를 멋지게 상상하고 있었을 것이다.

DHR은 모든 고객에게 산타의 무릎에 앉아서 찍은 사진을 선물할 계획이었다. 나는 아주 좋은 아이디어라고 생각했다. 하지만 나는 이 여성들을 내 무릎에 앉혀서 사진을 찍는 일이 몰고 올 또 다른 부작용에 대해서는 미처 예상하지 못했다. 첫째 날, 행사가 계속되는 동안 나는 이 아줌마들이 나를 친근하게 여기다 못해 점점 더 짓궂게 대하고 있다는 것을 알게 되었다.

그래서 다음날에는 행사장에 아내 애니를 데리고 갔다. 이런 곤경으로부터 아내가 나를 보호해줄 것이라고 생각했기 때문이다. 그녀는 산타 여사의 옷을 입지는 않았지만, 모든 사람들이 애니를 산타의 아내로 짐작할 거라고 생각했다. 그런데 의외의 일이 벌어졌다. 애니가 애틀랜타 몰을 돌아보겠다며 잠시 내 곁을 벗어난 것이다. 결국 나는 혼자 남게 되었다.

그리고 예상대로 여인들의 물결이 나를 향해 밀려왔다. 그중 어느 한 여인은 내 무릎에 바싹 다가와 몸을 밀착시키더니 내 왼손을 잡아 자기 엉덩이 위에 두게 했다. 그러고는 내 가슴에 기대어 사진을 찍으며 낮고 은밀한 목소리로 이렇게 속삭였다.

"당신은 제가 본 남자 중에 가장 매력적이에요. 시내 호텔에 묵고 계세요?"

여인의 말에 깜짝 놀란 나는 즉각적으로 대답했다.

"아니요, 저는 이곳 스톤마운틴에 살고 있어요."

"그래요? 저는 당신이 제게 관심이 있기를 바랐는데, 유감이군요."

그녀는 오른손에 호텔 열쇠를 쥐고는 내 앞에서 흔들어댔다. 나는 호흡을 가다듬고 말했다.

"죄송합니다. 오늘 저녁 아내인 산타 여사와 다른 약속이 있습니다."

그러자 그녀는 내 무릎에서 물러서면서 이렇게 말했다.

"그러세요? 그렇다면 더 말할 필요가 없겠군요. 하지만 제가 이런 제안을 했다고 해서 저를 형편없는 여자로 보진 않으시겠죠?"

나는 믿을 수가 없었다. 산타가 유혹을 당하다니! 도대체 세상이 어떻게 돌아가는 건지…….

이 밖에도 자신의 사업체에서 산타 행사를 해달라는 핑계로 노골적이고 은밀한 초대를 제안한 여성도 있었고, 지나치게 좋은 조건을 제시하며 개인적으로 데이트 신청을 하는 여성도 있었다(이에 대한 자세한 얘기는 뒤에 다시 나온다).

이렇듯 이날의 행사는 매우 인상적이었다. 모두 555명의 고객이 찾아왔는데, 그중 아이들은 하나도 없었고 남자는 예닐곱 명에 불과했다. 그 외에는 모두 여자들이었다.

DHR에서의 행사는 당혹스럽기도 했지만, 한편으론 재미있는 순간들도 많았다.

어느 유대인 여성은 자신의 랍비가 자신이 크리스마스 행사장에 온 것을 몰라야 한다며 걱정을 늘어놨다. 그래서 내가 "걱정 마세요. 이야기 안 할게요"라고 말하자, 그녀는 "나는 이야기할 거예요"라고 대답하며 깔깔대고 웃었다.

또 하나의 재미있는 사실 중 하나는, 몸무게가 가벼운 여자들은 하나같이 내가 자신들의 무게 때문에 힘들까봐 걱정하면서 내 무릎에 앉는데, 오히려 무거운 여자들은 아무런 미안함 없이 수다를 떨면서 내 무릎에 털썩 주저앉는다는 것이다.

그런데 그들이 모르는 사실 하나는, 바싹 마른 가벼운 사람보다는 살찐 아줌마들이 무릎에 앉히기 훨씬 편했다는 것이다. 마른 아줌마들은 날카로운 엉덩이뼈로 내 무릎을 아프게 하지만, 뚱뚱한 아줌마들은 아무런 아픔을 주지 않기 때문이다.

사실 무릎뼈를 똑바로 세워 고정시키고 있는 한 그들의 무게는 크게 문제되지 않는다. 오히려 산타 행사가 끝나고 은밀히 받게 되는 자극적인 제안들이 더 큰 문제였다. 놀랍게도 이런 얼빠진 아줌마들이 꽤 많았다.

Childlike Faith

아이 같은 믿음

DearSanta,
i am 5 years old and i beleeve in you do you have a carrot garden? how many carrots do you feed your raindeer? HOW did you meet Mrs. Claus? thank you for my presents. next time you bring me a present i'll have a plate of cookies for you. what kind do you like? i like star ones with sprinkles on top. when you fly in your sleigh, can you touch the stars for real? i love you Santa Claus and Missis Claus.
from, SPENSE

산타할아버지께

저는 다섯 살이에요. 이름은 스펜서고요.

저는 산타할아버지가 진짜 있다는 걸 믿어요.

혹시 당근 있으세요? 그렇다면 루돌프 사슴에게 하루에 당근을 몇 개나 먹이세요?

할아버지는 산타할머니와 어떻게 만나셨어요?

참, 지난번 크리스마스 선물 감사해요. 다음에 우리 집에 오시면 제가 쿠키를 구워서 선물로 드릴게요. 어떤 쿠키를   좋아하세요? 나는 점들이 박혀 있는 별 쿠키를 좋아해요.

근데요, 할아버지! 썰매를 타고 날다가

달님과 박치기할 때는 없으세요?

　루돌프 코를 더 반짝반짝 닦아주셔야 할 것 같아요. 앞이
잘 보이게요.

　산타할아버지, 산타할머니, 너무너무 사랑해요.

스펜서로부터

네쌍둥이
Quadruplets

산타 일을 하면서 겪는 난처한 상황 중 하나는 나를 만나러 온 아이들끼리 서로 시기하고 다투는 것이다. 한번은 내가 한 아이를 무릎에 앉히고 말을 걸려 하는데, 그 아이가 갑자기 자기보다 먼저 내 무릎에 앉아 있는 아이에게 고함을 지르고 발길질을 해댔다. 두 아이는 나이가 비슷했다.

가끔씩 이런 일을 겪으면서 알게 된 것은 고함을 지르는 아이는 대개 11개월부터 3세 정도에 이르는 유아들이라는 것이다. 단순히 나이를 제외하고는 고함을 질러대는 아이들의 공통점을 특별히 찾아낼 순 없었다. 약 7만 5,000명의 아이들을 무릎에 앉혀본 나는 나름대로 어린이 전문가로서, 어린이들에 대한 하나의 이론을 성립할 수 있었다.

내가 발견한 가장 중요한 사실은 아이들에게 부모의 영향력이 엄청나다는 것이다.

어떤 부모들은 산타가 따뜻한 마음씨를 지닌 착하고 사랑스러운 존재이며 그 누구에게도 해를 입히지 않는다고 가르치지만, 또 어떤 부모들은 산타를 나쁜 어린이들을 벌주는 사람으로 인식시킨다.

"만약 네가 내 말을 안 들으면 산타에게 일러줄 거야!"라고 말이다.

혹시 당신도 아이에게 이런 얘기를 한 적이 있는가? 간곡히 청하건대, 이런 얘기를 함부로 하지 않길 바란다(나는 산타이기 때문에 과연 당신이 이런 얘길 했는지 안 했는지 보지 않고도 다 알 수 있으니 정말로 조심하기를……).

한번은 작은 여자아이가 하나가 이렇게 물었다. "내 눈에 후추를 뿌리실 거예요?"

"걱정 마라. 그런 일이 어떻게 있을 수 있겠니? 누가 네게 그런 말을 하더냐?"

"엄마가 그랬어요. 엄마는 내가 정해진 시간에 잠자지 않으면 산타할아버지가 와서 내 눈에 후춧가루를 뿌린다고 했어요."

말을 하는 아이의 눈빛에 드리워진 두려움과 그리고 간절한 희망을 보면서 마음이 아팠다.

"너는 그 말을 믿니?"

나는 그 아이를 따뜻하게 포옹하고 말했다. "그럴 리가 있니? 산타는 절대로 네게 해를 끼치지 않을 거야. 네 눈에 후추를 뿌리는 따위의 일은 절대로 하지 않아. 산타는 너를 매우매우 사랑한단다."

나는 그 아이가 내 진심을, 그리고 산타에 대한 진실을 알아주길 바랐다. 그 아이가 내 사랑을 느낄 수 있다면 엄마로부터 들은 무서운 말 따윈 금세 잊을 텐데…….

수많은 아이들을 만나고 나서 나는 아이들의 마음을 나름대로 읽어낼 수 있게 되었다.

사실 어린아이들이 산타에 대해 갖고 있는 생각은 어른들이 하느님을 떠올릴 때 드는 생각과 비슷하다. 어떤 설교자는 하느님을 사랑, 용서, 자비, 은총의 아버지로 소개하지만, 또 다른 설교자는 하느님을 질투와 복수의 화신, 또는 자신의 말을 듣지 않으면 곧바로 벌을 내리는 심술궂은 폭군으로 그려내며 사람들에게 경고의 메시지를 전한다.

하느님이 벌을 주는 대상으로 여겨질 때, 사람들의 삶은 두려움으로 가득 차게 되고 조그만 잘못에도 위축돼 상처를 입게 된다. 자신의 마음속에 무섭고 두려운 하느님을 담게 되면, 그들은 사랑이 가득한 진짜 하느님과는 결코 친밀한 관계를 맺을 수 없다. 하느님은 절대로 벌로 응징하려는 복수의 화신이 아닌 것이다. 하느님은 용서하시는 분이다. 나는 내 품에 안기는 수많은 어린이들과 어른들이 하느님의 사랑을 올바로 이해하고 경험하기를 바란다.

그런데 도대체 아이들은 왜 산타 앞에서 고함을 치는 것일까? 이는 수세기 동안 풀리지 않는 의문으로 남아 있다. 아이들의 난동은 유전적인 요인에 의한 걸까, 아니면 환경적인 요인에서 비롯되는 걸까? 다시 말해, 고함치기를 즐겨하는 아이들은 원래 그런 기질을 갖고 태어난 것일까, 아니면 가정 환경 때문에 그렇게 길들여진 것일까?

이 질문에 대해 곰곰이 생각하던 중 답을 풀어내는 데 도움이 되는 경험을 하게 되었다. 지금부터 말하려는 사건은 정말이지 갑작스럽게 일어났다.

스톤마운틴 파크에서 산타 행사를 하던 어느 날, 여느 때와 마찬가지로 한 엄마가 어린 딸을 데리고 와서 내 무릎에 앉혔다. 내가 그 아이를 바라보며 웃음 짓자 아이는 내 구레나룻을 만지작거렸다. 바로 그때, 아이의 어깨 너머로 세 명의 아이들이 엄마 아빠에게 안긴 채 북적대고 있는 것을 보게 되었다. 나는 그 아이들과 내 무릎 위의 아이를 번갈아 바라보았다.

그때, 그날 밤 행사의 꼬마요정 역을 맡은 트렌트가 내 팔을 툭툭 치며 말했다.

"산타할아버지, 이 아이들 좀 보세요."

트렌트의 말에 세 명의 아이들을 가만히 보았더니 내 무릎에 앉아 있는 여자아이와 꼭 빼닮은 것이었다. 그러니까 그 아이들은 네쌍둥이였던 것이다. 나는 깜짝 놀라서 혼잣말로 외쳤다. "맙소사. 네 명이야!" 내 말에 아이들의 엄마는 웃으며 그녀가 안고 있던 아이를 내 무릎 위에 앉히려고 했다. 그런데 갑자기 아이가 고함을 치면서 울기 시작하는 바람에 엄마는 얼른 아이를 다시 품에 안았다.

곁에 서 있던 아빠는 두 명의 아이들을 안고 있었는데, 한 아이는 새근새근 잠들어 있었다. 그리고 깨어 있는 다른 아이는 조심스러운 표정으로 나를 쳐다보고 있었다. 아빠는 깨어 있는 그 아이를 내 무릎에 앉히려고 했다. 그러자 그 아이는 아빠의 목에 매달려 떨어지지 않으려고 발버둥 쳤다. 나는 이 아이가 그 아빠의 목을 너무 세게 졸라 무슨 일이 일어나는지 알았다. 아빠는 겨우겨우 아이를 달랬고, 그 아이 대신 자고 있던 아이를 나에게 넘겼다.

엄마 아빠는 각각 한 명씩 품에 안고 내 뒤로 와서 포즈를 잡았고 아이들의 인자한 할아버지가 사진을 찍었다. 아마 할아버지는 필름을 한 통 다 찍은 듯했다. 수없이 많은 컷을 찍고, 캠코더로 비디오까지 찍은 후 이들은 무대를 내려갔다. 그 가족에게 주어진 시간이 10분은 넘는 듯했지만 결코 귀찮거나 기분이 나쁘지는 않았다. 나는 이런 순간을 즐기는 타입이다. 두 명의 아이들이 엄마 아빠의 품에 안겨 내려갈 때 할아버지는 내게로 와서 두 아이를 받아 갔다.

사실 나는 그들에게 한두 가지 물어볼 것이 있었지만, 경황이 없어서 묻지 못했다. 그들이 어디에 사는 누구인지 아무것도 알 수 없었지만, 내 품에 안겼던 첫 아이의 맑은 미소와 나를 뚫어져라 쳐다봤던 그 눈망울을 잊을 수가 없다. 하지만, 그 아이는 네 명의 아이 중 하나에 불과했다.

네 명 중 하나에 불과했다는 이 말에 내가 본래 하고자 했던 말의 의도가 묻어났을 것이다. 그랬다. 네 명 중 한 명은 내게 매우 친근하게 굴었고, 나와의 만남을 무척 흥미로워했다. 원래부터 자고 있었던 아이는 계속해서 자고 있었기 때문에 내가 안고 있었지만 별다른 반응을 보이진 않았다. 또 다른 아이는 겁을 먹고는 있었으나 난폭하지는 않았다. 하지만 마지막 한 아이는 지나칠 정도로 심하게 울어대며 나를 거부했다.

그렇다면 도대체 아이들이 고함치게 되는 원인은 어디에서 찾아야 한단 말인가? 조금 전에 얘기한 네쌍둥이의 경우를 빌려 말하자면, 그 아이들은 유전적으로 모두 똑같다. 그리고 동일한 환경, 부모, 할아버지와 할머니가 있다.

결국 이 질문에 대한 확실한 답변은 하나밖에 없을 것 같다. 이 질문에 대한 답은 애초부터 존재하지 않는다는 것이

그것이다. 그래서 더 이상 이 질문 때문에 고민하지 않기로
했다. 다만 한 가지 확실한 것은, 이 아이들 모두가 사랑을
필요로 하고, 산타할아버지에게서 따뜻한 사랑을 느낀다는
점이다. 내가 할 일은 더 이상 이론적인 것 때문에 고민하
지 말고, 그저 마음을 활짝 열고 아이들을 포근하게 안아주
는 것이다. 이것이 내가 할 수 있고, 해야 하는 유일한 일일
것이다.

도와주세요!

⭐ 아이들은 종종 내게 '믿음'에 관한 도움을 요청하는데, 이럴 때마다 나는 믿음에 대한 질문을 내 스스로에게 해보곤 한다. 결국 아이들의 순수한 의문이 어른인 나를 정화시켜 조금 더 성숙한 믿음을 지닌 인간으로 만들어 주는 것이다.

어느 날 나의 믿음은 한 소년에 의해 시험에 들었다. 그 소년은 나를 찾는 대부분의 아이들보다 나이가 좀더 많아 보였다. 소년의 얼굴에는 수심이 가득 차 있었다. 그 소년이 가까이 다가오기도 전에 난 그 소년이 내게 다른 아이들과는 뭔가 다른 특별한 부탁을 할 것이란 걸 예감했다.

그 소년은 예의 바르게 자기 차례를 기다렸다. 하지만 자기 앞의 여자아이가 내 품을 떠나자마자 내게 당장이라도 달려들 듯이 다가왔다. 나는 소년의 부모가 함께 와 있는지 보기 위해 주위를 살폈다. 하지만 소년의 부모로 보이는 사람은 아무도 없었다.

그 소년이 내 무릎에 앉는 순간 나는 그 아이의 몸에서 심한 냄새가 나는 것을 알았다. 아마도 쇼핑몰까지 오는 동안 담배를 심하게 많이 피는 사람과 같은 자동차를 타고 온 게 틀림없었다. 이 어린 소년의 폐가 간접흡연으로 인해 얼마나 혹사당했을까를 생각하니 끔찍했다. 그런데 더 있어 보니 그 소년의 몸에서 나는 냄새는 담배 냄새뿐이 아니었다. 땀 냄새, 자동차 엔진오일 냄새, 비에 젖은 개 냄새 등 이런저런 악취들이 뒤섞여 있었다.

벌써 내 마음이 저릿저릿 아파오는 것을 느끼며, 나는 소년을 찬찬히 살펴보았다. 그 아이의 목에는 군데군데 멍이 들어 있었다. 마치 누군가가 손가락으로 무지막지하게 꼬집은 흔적 같았다. 또 소년의 금발머리는 엉망으로 헝클어져 있었으며 더러웠다. 땟국이 줄줄 흐르는 겉옷에는 코를

자극하는 그 모든 냄새들이 배어 있었다. 소년이 현재 어떤 상황에 처해 있는지를 즉시 알 수 있는 상태였다. 소년의 창백한 얼굴과 푸른 눈에 나타난 깊은 수심을 조심스럽게 바라보았다. 소년에게 한마디 말도 건네지 못했는데도, 벌써부터 마음의 아픔이 뜨겁게 목줄기를 타고 올라오는 걸 느꼈다.

잠시 후 소년이 내 얼굴을 자기 앞으로 가까이 당기려 했다. 대개 아이들의 이런 행동은 내 구레나룻을 만지고 싶다는 뜻일 때가 많다. 그럴 때면 나는 아이의 손을 잡고 내 얼굴로 가져가 내 구레나룻을 만질 수 있도록 해주곤 했다. 하지만, 이번에는 그러지 않았다. 그 소년이 내 얼굴을 가까이에서 보려는 이유가 여느 아이들이 그랬듯 구레나룻에 대한 신기함이 아니라는 걸 알 수 있었기 때문이다. 그 소년은 분명 내게 긴히 할 말이 있었던 것이다.

그것도 아주 조용히, 그리고 긴밀하게.

소년은 내 귀에 자기 입을 바짝 대고는 작은 소리로 속삭였다.

"산타할아버지, 제가 크리스마스에 받고 싶은 선물은 딱

한 가지뿐이에요.”

나는 그 소년으로부터 얼굴을 조금 뗀 뒤 소년의 눈을 진지하게 바라보며 물었다.

“그게 뭐니?”

그 소년은 다시 내 얼굴에 자기 얼굴을 가까이 대고서 말했다.

“크리스마스에 받고 싶은 유일한 선물은 우리 아버지가 나를 때리는 것을 멈추는 거예요.”

그 말을 하는 소년의 얼굴에는 아무런 감정도 실려 있지 않았으며, 목소리도 무의미한 글을 읽듯 무덤덤했다. 마치 내가 자기 집에서 무슨 일이 일어나고 있는지를 다 알고 있다고 생각하고 말하는 것 같았다.

건조한 목소리의 그 말을 듣는 순간, 차디찬 바람이 휘익, 소리 내며 내 가슴을 훑고 지나갔다. 모래가 뒤섞인 그 바람은 한순간에 내 가슴을 황폐하게 만들었으며, ‘철렁!’ 하고 가슴 어느 한 부분이 내려앉는 것 같았다. 나는 스스로의 무기력함을 절절히 깨달으며 울고 싶은 심정이 되었다.

나는 누가 나를 도와줄 수 있을까 싶은 간절한 마음으로 주위를 살펴보았다. 경찰, 사회봉사자, 혹은 그 누구라도 나를 좀 도와줬으면 싶었다. 아니 이 아이를 고통에서 건져 내 올 사람이 제발 있었으면 싶었다. 하지만, 그 순간 아이의 간절한 청을 들은 사람은 나 외엔 아무도 없었다.

안타까운 마음으로 그 소년을 다시 바라보던 중 출입구 기둥에 기대어 서 있는 한 남자를 발견했다. 그는 뱀처럼 차가운 인상을 풍겼다. 더러운 청바지와 재킷을 입고 있었고, 중장비 회사의 로고가 적혀 있는 모자를 쓰고 있었다. 모자로 감춰진 머리카락은 심하게 헝클어져 있었고, 그가 얼마나 더러운 몰골을 하고 있는지 멀리서도 금방 눈치챌 수 있을 정도였다.

하지만 무엇보다도 가장 소름끼치는 건 그의 눈이었다. 칼날같이 날카로운 눈은 증오로 불타고 있었는데, 그 증오는 나를 향한 것 같기도 했고, 혹은 나와 이야기를 나누던 그의 아들을 향한 듯도 했고, 아니면 그가 살고 있는 세상 전체를 향한 것 같기도 했다. 그는 자신이 세상에서 가장 남자답다는 양 거만한 태도로 서 있었다. 하지만 내 눈에는 중병에 걸린 환자처럼 보였다. 당장이라도 입원하지 않으면 안 될 것 같았다.

나는 다시 눈을 돌려 내 앞에 서 있는 소년의 얼굴을 쳐다보았다. 소년의 얼굴에는 간절한 기대가 가득 차 있었다. 자신의 크리스마스 소원이 꼭 이루어지기를, 더 이상일 수 없는 절실함으로 바라고 있는 게 틀림없었다.

문득 소년은 주먹 쥔 손을 풀어 내게 자신의 손바닥을 보여주었다. 소년의 손바닥을 본 순간 나는 너무 놀라 숨이 멎는 듯했다. 소년의 양 손바닥은 상처투성이었다. 그 상처는 담뱃불로 지진 자국이었는데 한두 군데가 아니라 겹겹이 새겨져 있었다. 뱀처럼 생긴 자의 소행임에 틀림없다고 생각했다. 소년의 아버지인 그자가 아들의 손바닥을 재떨이로 사용했던 것이다. 나는 치밀어 오르는 분노로 얼굴이 벌겋게 달아올랐다.

하지만 분노로 흥분하면 안 될 일이었다. 만약 저 뱀처럼 생긴 인간이 자신의 아들이 내게 한 말을 알게 된다면 무슨 일이 일어날지 상상하기 어렵지 않았다. 생각이 거기에 미치자 이 문제에 대한 해결책을 찾을 때까지 소년의 아버지를 화나게 해서는 안 될 것 같았다. 그가 화가 나면 무슨 일을 저지를지 모르기 때문이다. 참으로 난감한 일이었다. 나는 그 소년을 내 쪽으로 가까이 다가오게 한 다음 소년의 귀에 대고 속삭이듯 말했다.

"사랑하는 얘야, 네 소원이 이루어질 수 있도록 내가 할 수 있는 모든 일을 해보마. 암, 그렇고말고. 그런데 학교는 다니고 있니?"

소년은 매우 천천히 고개를 끄덕였다. 신중한 그 동작에는 떨리는 기쁨이 조심스레 묻어 있었다.

나는 소년에게 더 가까이 오라고 손짓한 뒤 말했다.

"이런 고통이 언제까지나 계속되지는 않을 거란다. 네가 어른이 되면 더 이상 아버지한테 맞는 일은 없을 거야. 내가 분명히 할 수 있는 말은 나는 너를 사랑하고, 너의 고통이 하루빨리 끝나기를 간절히 바란다는 거란다. 그리고 하느님이 널 아주 많이 사랑하고 계시다는 걸 꼭 기억해라. 하느님께서 곧 네게 일어나고 있는 모든 일을 멈추게 하실 거란다. 물론 네 아버지께도 잘못에 대한 벌을 주실 거다. 얘야, 내가 지금부터 하는 말 잘 들어라. 너희 선생님께 오늘 네가 내게 한 얘기를 그대로 전해드리렴. 네 손바닥과

목덜미도 선생님께 꼭 보여드려야 한다. 알겠니?”

그 소년은 천천히 고개를 끄덕였다. 소년의 근심 가득한 푸른 눈은 눈물로 글썽거렸다.

나는 소년을 내 두 무릎 사이에 세우고 두 팔로 꼭 껴안았다. 소년은 내 구레나룻에 얼굴을 묻었다. 나는 소년의 귓가에 대고 작은 목소리로 말했다.

“잊지 마라, 애야. 하느님은 너를 사랑하고 계신단다. 나 또한 너를 사랑한다.”

그 말을 하는데, 목이 메었다. 나는 크게 숨을 한 번 내쉰 다음, 소년을 내 품에서 풀어주었다. 소년은 내게서 몇 걸음 물러서며 나를 향해 짧게 미소 짓고는 뱀 같은 아버지에게로 돌아갔다.

그들은 출입구 옆에 있는 엘리베이터에 올라탔다. 나는 그 소년이 엘리베이터를 타고 위층으로 올라가는 것을 지켜보았다. 이 어린 소년은 나를 향해 돌아서서는 손을 흔들며 미소와 함께 키스를 보내주었다. 나는 작은 소리로 중얼거렸다. “주여, 이 어린아이를 돌봐주소서.”

“뭐라고요?”

달랑거리는 방울 소리 같은 목소리에 정신을 차리고 보니 내 무릎에는 어느새 어린 여자아이 하나가 앉아 있었다. 나는 아이를 바라보며 미소 지었다. "안녕?"

아마 나는 그때 그 소년과의 만남을 영원히 잊을 수 없을 것 같다.

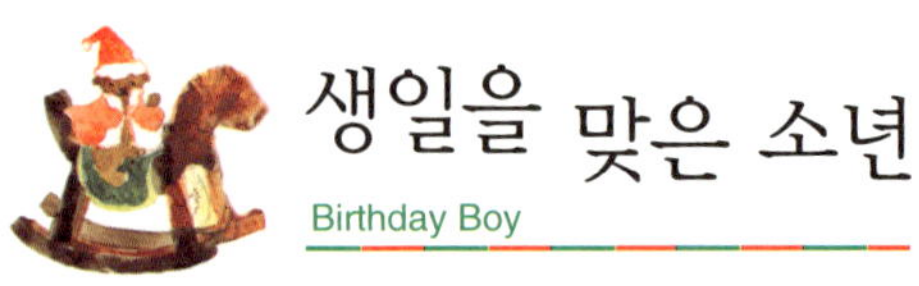

생일을 맞은 소년
Birthday Boy

산타 일을 하면서 "오늘이 제 생일이에요"라고 말하는 아이들이 없는 날은 단 하루도 없다. 나는 시간적 여유가 있으면 그 아이들에게 생일 축하 노래를 불러준다.

생일은 매우 재미있고 특별한 날이다. 그래서 어떤 경우에는 생일 축하가 특별한 축제로 둔갑하기도 한다.

어느 날 산타 행사 도중, 한 젊은 부인이 아이도 없이 혼자서 줄을 서서 자기 차례를 기다리고 있는 것이 보였다. 드디어 자기 순서가 되자 그 부인이 내게 다가와 말했다.

"할 말이 있어요. 제게 전화 좀 걸어주실래요?"

그녀는 내게 자신의 전화번호가 적힌 쪽지를 건네주었다.

사실 산타 일을 하면서 산타가 아닌 다른 일 때문에 개인적인 부탁을 받은 게 그때가 처음은 아니었다. 그런데 괜히 기대가 됐다. 혹 그 젊은 부인이 할리우드 영화에 출연할 신인 배우를 찾아다니는 캐스팅 담당 매니저일 수도 있고 영화감독일 수도 있지 않은가.

하지만 다음날 아침 그녀에게 전화했을 때, 그녀의 부탁이란 게 아들의 생일잔치에 참석해달라는 거라는 걸 알았다. 기대와는 달랐지만 나는 흔쾌히 그러겠노라고 대답했다.

생일파티는 여느 잔치와 별다를 것 없이 평범하게, 혹은 지루하게 진행됐다. 대부분의 아이들은 산타에 금방 지루해하는데, 그 아이도 마찬가지였으므로 나는 아이들에게 벗어나 맛있는 음식이 가득한 테이블에 앉아 내 입을 즐겁게 하면서 어른들과 재미있는 얘기를 나누었다.

그 다음해에도 그녀는 내게 또 전화해 아들의 생일잔치에 초대했다. 그녀의 집에 도착하자 작년과는 분위기가 사뭇 달라졌음이 느껴졌다. 우선 그들이 수십 킬로 떨어진 매리에타로 이사를 한 탓에 손님들, 즉 나의 관객들이 모두 새로운 동네 주민들로 바뀌어 있었고, 생일잔치의 주인공인 첫째 아들에게 최근 갓난 여동생이 생겨 있었다. 그리고 그 아들이 이제 산타에게 그다지 흥미를 갖지 않는다는 것도 변화라면 변화였다. 하지만 그날도 역시 좋은 음식, 좋은 사람들과 함께 즐거운 시간을 보내고 돌아왔다.

그런데 놀랍게도 그녀는 그 다음해에도 나를 또 불렀다. 이번에는 생일잔치 때문이 아니라 다른 문제가 있다고 했다. 그녀의 아들이 더 이상 산타를 믿지 않는다는 것이었다. 아들의 친구들이 산타는 어딜 가나 있으며, 생긴 것도 모두 제각각이라고 말했기 때문이라고 했다.

아들이 산타를 믿길 바라는 그녀는 이번 시즌 동안의 내 모든 스케줄을 알고 싶어했다. 나는 그녀에게 아주 사소한 스케줄까지 모두 알려주었다. 그렇게 우리의 비밀 프로젝트는 시작되었다.

어느 토요일 오후, 나는 라디오 방송국 근처 마트에서 산타 일을 하고 있었다. 그때 그녀가 아들과 함께 장을 보러 왔고, 나는 그녀의 아들을 불러 내 무릎에 앉혔다. 하지만 그 아이의 반응은 역시나 시큰둥했다. 그렇다고 해서 벌써 포기할 일은 아니었다.

어느 일요일, 매리에타에서 멀리 떨어져 있 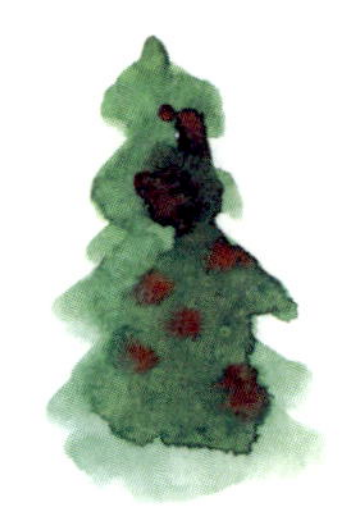
는 아메리칸페어에서 산타 일을 하고 있을 때
였다. 그녀는 아들과 함께 애틀랜타를 가로질
러 그곳까지 나를 찾아왔고, 나는 그녀의 아들
을 내 무릎 위에 앉히고는 즐겁게 이야기를 나눴다.

그 다음주에는 스톤마운틴 파크에서 산타 일을 하고 있
었는데, 물론 그들은 그곳에도 나타났다. 나는 다시 그 아
이와 만났고, 아이가 조금씩 달라지고 있다는 걸 느꼈다.
아이의 눈빛에서 의심이 조금씩 사라지고 있었다.

얼마 후에는 크리스마스 트리에 불을 밝히는 행사에서
그 모자를 만났다. 그 행사에서는 산타가 오토바이를 타고
나타나기로 했는데, 내가 오토바이를 타고 도착했을 때, 그
들은 그곳에서 나를 향해 웃으며 손을 흔들고 있었다. 나도
손을 흔들어주었다. 이제 그 아이는 산타를 거의 믿는 듯
보였다.

그 다음주, 그와 엄마가 드라이브를 하는데 소방차가 바
로 옆 도로에서 나란히 달리고 있었다. 그리고 그 앞좌석엔
다름 아닌 산타가 타고 있었다. 산타는 고개를 돌리더니 그

들을 내려다보며 손을 흔들었다. 활짝 웃는 얼굴로. 물론
그 산타는 다름아닌 나였다.

　소년은 어리둥절해하면서도 믿음에 찬 눈빛으로 나를 바
라보았다. 소방차가 조금 뒤처지자 그 소년은 몸을 돌려가
면서까지 나에게 손을 흔들었다. 그때 소년의 눈빛은 이렇
게 말하고 있었다.

'저 사람은 진짜 산타였어!'

소방차는 쇼핑센터의 주차장에서 몇 바퀴를 돌다가 어떤 상점 근처의 모퉁이에서 멈췄다. 소방차에서 내린 나는 여기저기 모여 있는 사람들 사이를 재빠르게 헤치고 나가 장난감 가게로 들어섰다. 그곳에 누가 있었겠는가? 바로 그

소년과 엄마였다. 산타 행사의 광고 전단지를 읽고서 '즉흥적으로' 즉시 그 상점에 쇼핑을 하러 와 있었던 것이다.

나는 가볍게 손을 흔들어 그 아이를 불렀고, 아이는 환하게 웃으며 내게로 뛰어와 내 무릎 위에 올라앉았다. 소년은 더 이상 산타를 의심하지 않았다. 산타가 언제 어디에서나 같은 모습으로 존재했기 때문이다. 나는 소년에게 무엇이 갖고 싶은지 물었는데, 오랜 시간 소년을 봐왔던 탓인지 굳이 소년이 일일이 다 말하지 않아도 그 아이가 바라는 것을 모두 알 수 있을 것 같았다.

그 소년이 산타를 확고히 믿게 되기까지는 그 엄마의 힘이 매우 컸다. 그로부터 몇 달 뒤 그녀는 내게 뿌듯한 미소를 지으며 아들이 더 이상 산타가 없다는 친구들의 말을 믿지 않는다고 말했다. 오히려 아들이 지난 2년 동안 꾸준히 봐왔던 똑같은 산타의 모습을 이야기하며 친구들을 설득시키고 있다고 했다.

이것이야말로 아들의 순수한 어린 시절이 너무 빨리 끝나지 않길 바랐던 엄마의 크고 따뜻한 사랑의 결실이 아니었을까.

남겨진 아이
The One That Almost Didn't Get Away

FODA나 산타 일에 대해 이야기를 할 때, 나는 종종 8만 8,000명의 아이들이 내 무릎에 앉았었고, 그들은 모두 부모님과 함께 안전하게 집으로 돌아갔다고 말하곤 한다.

하지만 사실은, 그들 중 한 명이 나와 함께 집으로 돌아갈 뻔했던 적이 있다!

내가 산타로 일하던 스톤마운틴 파크에 크리스마스 행사 때마다 찾아오는 몇몇 가족들이 있었다. 그들은 아이들의 나이가 몇 살이든 간에 산타와 함께 사진 찍는 것을 연례행사로 삼고 있었다. 심지어 그중 어떤 가족은 매년 미네소타에서 여기까지 오곤 했다. 1년에 한 번, 그것도 1, 2분 동안밖에 볼 수 없는 사람들과 안면을 유지하는 일이 쉽지는 않았지만, 그들만큼은 내 쪽에서 먼저 알아보곤 했다.

피터 씨 가족은 4년 동안 나와 함께 사진을 찍었다. 1994년 당시, 네 명의 아이들 중 막내는 12세였고, 첫째 아이는 20세였는데, 다음해에 그들이 다시 왔을 때에는 놀랍게도 생후 한 달 된 아기와 함께였다. 네 명의 아이들은 사진을 찍기 위해 자리를 잡았고, 아이들의 엄마는 잠든 갓난아기를 내게 안겨주었다.

내가 "놀랍군요. 놀라워요, 어머니"라고 말하자, 그녀는 "믿기지 않으시겠지만 믿는 편이 나을 거예요"라고 애처롭게 대답했다.

사진을 다 찍고 나자 피터 씨가 먼저 재빨리 출구를 빠져나갔고, 아이들 엄마도 아이들을 챙기면서 행사장 밖으로 나갔다. 난 그 모습을 보면서도 우두커니 그냥 있었다. 아이들과 나의 대화가 끝나면 다들 그렇게 아이들을 데리고 나가니까 말이다.

잠시 후 그날 행사의 꼬마요정인 하이디가 내게 와서 말했다.

"아기를 봐 주시는 거예요, 산타?"

나는 하이디의 말에 깜짝 놀라 내 팔을 내려다봤다. 이게 웬일인가! 내가 갓난아기를 안고 있는 것이 아닌가!

"아차! 아기 엄마가 아기를 두고 그냥 나가버렸어! 하지만 아기 엄마가 곧 돌아올 거야."

그렇게 믿고 있었지만 그녀는 오지 않았다.

5분이 지나자 하이디와 나는 대체 누가 이 아기를 봐야 할지에 대해 의논하기 시작했다. 어쨌든 행사를 중단할 수는 없는 노릇이었다. 결국 우리는 교대로 아기를 안기로 했다.

한참의 시간이 흐른 뒤, 산타와 요정의 예상치 못한 아기 보기로 인해 산타 행사가 더뎌지자, 사람들이 조금씩 날카로워지기 시작했다. 내가 하이디에게 아기를 넘겨주고 줄 서 있는 사람들에게 돌아가려고 했을 때, 갑자기 문이 벌컥 열리고 피터 부인이 방금 경기를 끝낸 백 미터 달리기 선수처럼 헐떡거리며 뛰어 들어왔다.

그녀가 내게 다가와 숨이 찬 목소리로 말했다.

"죄송해요. 정말 죄송해요."

"오, 이런! 어머니, 오셨군요! 전 이제부터 산타할머니랑 이 아기를 어떻게 키워야 할지 행복한 의논을 하려던 참이 었답니다. 아쉽군요. 아내가 이 아기를 봤으면 너무나 기뻐 했을 텐데요."

나는 허허 웃으면서, 한편으론 안도의 한숨을 내쉬면서 기분 좋게 말했다.

아이 엄마가 자고 있는 아이를 조심스럽게, 소중히 안으 며 말했다.

"죄송해요. 이런 말하기 너무 부끄럽지만, 우린 아무것 도 모른 채 차를 타고 그냥 집으로 가고 있었지 뭐예요. 나 중에야 한 명의 아이가 더 있다는 걸 깨닫고 뒷좌석을 살피 기 전까진 말이에요. 맙소사, 전 제가 그랬다는 것이 믿어 지지가 않아요."

내가 웃는 걸 멈추고 대꾸를 하기도 전에 그녀는 황급히 인사를 하고 얼굴을 붉히며 행사장 밖으로 나가버렸다.

나는 지금까지 집으로 가지 못할 뻔한 그 아기가 생생히 기억난다.

천사의 손길
Touched by an Angel

⭐ 언젠가 내가 여섯 살 난 소년과 이야기를 나누고 있을 때였다. 그 다음 줄에 서 있는 한 소녀가 눈에 띄었다. 그 소녀는 산타를 만난다는 생각에 흥분했는지 어찌할 바를 모르고 있었다.

안절부절못하며 팔짝팔짝 뛰기도 했고, 자기가 낼 수 있는 최고의 속도로 양손을 비틀기도 했다. 그런데 그 소녀의 얼굴 표정에는 조금 특별한 것이 있었다. 하지만 무엇보다 내 시선을 끄는 것은 소녀의 미소였다. 작고 하얀 얼굴에 떠오른 미소는 시내 전체를 환하게 비출 수도 있을 만큼 밝고 예뻤다.

문득 내 무릎에 앉아 있는 소년이 그 소녀의 동생일지도 모른다는 생각에 대화를 마치며 소년에게 물었다.

"저기 저 소녀가 너희 누나니?"

"네."

소년이 대답했다.

"그렇지만 산타할아버지가 누나랑 대화하지 않아도 상관없어요. 누나는 정상이 아니거든요. 이제껏 쭉 그랬어요."

"흐음…… 그렇구나. 하지만 난 너희 누나랑 얘기하고 싶단다. 산타는 모든 아이들을 똑같이 사랑하거든."

내 말을 듣고 소년은 내 무릎에서 폴짝 뛰어내리더니 근처에 서 있던 엄마에게 소리쳤다.

"산타할아버지가 레이철과 이야기하고 싶어해요!"

이윽고 소녀가 내게 다가오기 시작했지만, 갑자기 그 남매의 엄마가 우리 사이를 가로막고 섰다.

"굳이 저 아이와 있어주실 필요는 없어요."

아이들의 엄마는 거의 울부짖듯 말했다.

"저 아이는 지진아예요. 정상적으로 행동할 수 없다고요!"

나는 소리치는 아이들 엄마의 팔을 조용히 잡아 내 옆으로 끌었다. 그러고는 조용히 속삭였다.

"저 예쁜 아이가 당신의 딸인가요?"

아이들 엄마는 순간 당황했는지 아무 말 없이 고개만 끄덕였다.

"어머니, 저 아이 또한 하느님의 딸입니다. 하느님은 저 아이를 다른 아이들과 똑같이 사랑하세요. 산타인 저도 마찬가지고요."

그 순간, 여인의 모든 동작이 정지되는 것 같았다. 나는 소녀 쪽으로 시선을 돌리고서 빙그레 웃으며 다가오라고 손짓을 했다. 표현하기 어려운 감정을 온몸으로 드러내며 소녀는 내게 다가왔고 나는 그 소녀를 내 왼쪽 무릎에 앉혔다. 꽤 무거웠지만 미소를 잃지 않으며 기우뚱거리는 레이철을 안전하게 앉히기 위해서 애썼다.

나는 다른 아이들에게 그랬던 것처럼 레이철에게도 평범한 질문을 했다.

"우리 레이철은 크리스마스에 무슨 선물을 받고 싶니?"

순간 행사장 안에는 정적이 흘렀다. 모두가 숨을 죽이고

레이철의 대답을 기다리고 있었다.

"바비인형, 바비의 집, 바비 옷이랑 깜짝 선물이요."

평범한 일곱 살 소녀의 대답이었다. 레이철은 보통의 아이들과 다르지 않았다. 그 맑고 고운 영혼 앞에 겉으로 보이는 장애는 하찮은 것일 뿐이었다. 그 순간, 레이철의 대답을 기다리던 스톤마운틴 파크 안의 모든 사람들의 입가에 미소가 번졌다.

레이철이 받고 싶은 선물을 다 말했을 때, 나는 레이철을 부드럽게 안아주고는 하느님이 레이철을 사랑하시고 산타클로스 또한 그러하다고 말해주었다. 또 착한 아이가 되어야 한다고도 말했다. 아이는 기쁨에 찬 두 눈을 반짝이며 크게 고개를 끄덕였다. 내 눈앞에 천사가 앉아 있는 것이다. 그 아름다운 모습을 바라보며 나는 말을 이었다.

"약속이다?"

"네, 산타할아버지. 꼬옥, 꼭 약속해요!"

레이철은 굳게 약속했다. 레이철의 얼굴에 떠오른 미소가 행사장 안을 환하게 밝혀주었는데, 이것이야말로 크리스마스다운 순간이라는 것을 깨달았다. 수다쟁이 엄마들과 스톤마운틴 파크를 돌아다니는 바쁜 쇼핑객들, 반짝이는 불빛, 그리고 내게 소원을 말하기 위해 줄을 서 있는 아이들을 보던 내 눈 안에 뜨거운 무언가가 가득 차올랐다.

나도 모르는 사이 천사가 다녀갔나 보다.

단 하나의 값진 선물

The Child That Stays with You

　　내가 그들의 존재를 알아차리기 전까지 그들이 얼마나 오랫동안 그곳에 있었는지는 잘 모르겠다. 젊은 엄마가 아들의 휠체어를 밀고 있었고, 그들이 산타 행사장 주변을 여러 번 도는 것이 눈에 띄었다. 엄마는 산타가 잘 보이는 곳에서 휠체어 밀기를 잠시 멈추고 몇 분 동안 행사 장면을 바라보다가 휠체어를 다시 밀곤 했다.

　　나는 무릎 위에 아이들이 없을 때마다 그녀의 주의를 끌려고 애썼지만, 아이들이 워낙 금방금방 다가오는 데다 그녀와 눈을 마주치기가 어려웠다.

　　어느 순간 내가 한 소녀에게 착한 아이가 되어야 한다고 말하며 고개를 들었을 때, 그녀와 나의 눈이 마주쳤다. 나는 그녀에게 손을 흔들었고, 그녀도 내게 손을 흔들어주었다. 난 그녀에게 행사장 세트 위로 올라오라고 손짓했다. 그녀는 고개를 끄덕였고, 방향을 바꿨다. 난 다음 아이를 내 무릎에 앉혔고, 이제 그 아이에게 모든 관심을 쏟았다.

이윽고 휠체어를 탄 아들과 그 엄마의 순서가 다가왔다. 나는 꼬마요정에게 잠시 줄을 멈춰달라는 신호를 보낸 다음, 엄마에게 가까이 다가오라고 손짓했다. 그녀는 휠체어를 밀며 다가왔고, 나는 그녀의 아들이 심각한 장애를 앓고 있다는 걸 알았다. 그녀에게 휠체어에서 아들을 안아 올려도 되겠냐고 묻자, 그녀는 충격 받은 얼굴로 잠시 머뭇거리더니 이내 동의했다.

아이를 지지하고 있는 끈을 풀고는 아이를 조심스럽게 두 팔로 안아 올렸다. 아이의 엄마는 내 무릎 근처에 쭈그리고 앉았다. 나는 내 얼굴을 바라보고 있는 아이의 아름다운 눈동자를 들여다보며 말했다.

"어머니, 사랑스러운 이 아이의 이름이 뭐죠?"

"코디예요. 코디 쿠퍼랍니다." 그녀가 대답했다.

“코디에 대해 말해주시겠어요?” 내가 나지막하게 물었다.

내 물음에 그녀는 성심성의껏 대답했다.

“코디는 죽을 고비를 넘겼어요. 몇 년 전 소나기가 왔을 때 우리 부부는 일을 하러 뜰에 나갔었죠. 그때 코디도 따라왔고요. 그런데 어느 순간 코디가 보이질 않았어요. 우리는 너무 놀라 코디를 찾기 시작했죠. 그리고 코디는 5센티미터 정도 깊이의 웅덩이에 거꾸로 박힌 채로 발견됐어요. …… 코디는, 코디는 매우 특별한 아이랍니다.”

아이 엄마의 말처럼 나는 코디의 눈 속 깊은 곳에서 그 ‘특별함’을 볼 수 있었다.

“코디, 넌 네가 이 산타에게 얼마나 특별한 아이인지 모르겠지? 난 네가 정말 착한 아이라는 걸 알고 있단다. 자, 그럼 너를 위한 아주 특별한 크리스마스 선물이 뭐가 있을지 한번 알아보자꾸나.”

아이의 얼굴에 엷지만 눈부신 미소가 떠올랐다. 아이의 엄마는 금방이라도 울음을 터뜨릴 것처럼 보였다. 나 역시 그러고 싶을 만큼 벅찬 감정에 휩싸였다.

나는 아이의 엄마에게 사진을 찍기 위해 잠깐 물러나 있어달라고 손짓하고는 코디를 가슴 가까이에 살포시 안았다. 그리고 사진사에게 무료 사진을 찍어달라고 신호를 보냈다. 나도 그 사진을 한 장 갖고 싶었기에 손가락으로 'V' 자 모양을 만들어 두 장을 부탁했다.

사람들이 긴 줄을 서서 기다리고 있었기 때문에, 꼬마요정은 내게 서둘러달라고 요청했다. 그래서 나는 코디를 다시 조심스럽게 휠체어에 앉혔고, 지지대 끈을 매주고는 몸을 숙여 이마에 키스했다. 아이의 엄마는 울음을 참느라 꽉 메인 목소리로 겨우 말했다.

"우린 다시 올 거예요."

아이 엄마의 말에 나는 고개를 끄덕였고, 그들은 돌아갔다.

며칠 뒤 행사장 출구 근처에서 줄 서 있는 그들을 다시 보았다. 나는 기쁜 마음으로 그들에게 손짓했고, 그들의 순서가 되자 코디는 다시 내 품에 안겼다. 이번에는 코디의 엄마가 카메라를 들고 와서 빠르게 사진을 찍었다.

"코디가 당신에게 빨리 이걸 줘야 한다며 매일같이 재촉했어요."

그녀는 이렇게 말하며 집에서 정성스레 만든 쿠키가 가

득 들어 있는 봉지를 내게 건네주었다. 그러고는 아들을 데리고 돌아갔다.

며칠 후, 한 작은 아이와의 대화에 주의를 기울이고 있었는데, 대화가 끝나자 코디의 엄마가 다가와 사진이 든 봉투를 내게 주었다.

"코디가 이걸 산타에게 가져다주랬어요."

그녀는 그렇게 말하곤 금세 그 자리를 떠났다. 나는 그녀의 뒤에다 대고 "고마워요!"라고 외쳤지만, 그녀가 들었는지는 모르겠다. 사실 그녀를 다시 만나게 된다면 연락처를 물어볼 마음이었는데, 그녀가 그럴 틈도 없이 바쁘게 사라지는 바람에 아쉽게도 기회를 놓치고 말았다.

행사 중반에 난 잠깐 쉬는 시간을 틈내 그녀가 주고 간 사진을 꺼내보았다. 사진 속엔 코디가 굉장히 밝고 즐겁게 웃고 있었고, 나도 덩달아 기분이 좋아졌다. 그리고 쉬는 시간이 끝나가 사진을 정리하던 중 사진의 뒷면에 코디 가족의 전화번호가 적혀 있는 것을 발견했다. 그것을 보면서 나는 "아, 다행이야"라고 중얼거렸다.

다음날 아침 나는 코디의 집에 전화를 걸어 얘기를 나누었다.

코디의 엄마는 주디, 아빠는 헨리였는데, 그들은 코디를
보살피는 데 재정적인 어려움을 겪고 있었다. 게다가 헨리
는 한때 직업까지 잃었었다고 했다. 하지만 다행히 최근 다
른 직업을 찾았고, 모든 게 조금씩 나아지고 있었다. 코디
가족은 어려운 상황 속에서도 웃음과 희망을 잃지 않고 살
아가고 있었다.

나는 열심히 살아가는 그들 가족을 돕고 싶었다. 그래서
코디의 휠체어를 수리해줬고, 보완이 필요할 때마다 도움
을 주었다. 또 크리스마스 전에도 종종 코디의 집을 방문했다.

몇 주 뒤 나는 교회에 갔다 오는 길에 코디네 아파트에
들렀다. 하얀 셔츠에 넥타이를 갖춰 매고 그 위에 붉은색
코트를 걸쳐 입고는 작은 선물을 들고 갔다. 코디는 내가
산타 옷을 입었을 때와 마찬가지로 내게 열광했다. 그렇게
우리의 오랜 우정은 시작되었다.

크리스마스가 지나고 주디가 코디를 우리 집에 데려왔
다. 나는 코디의 휠체어를 살펴보고 좌석 부분을 조금 교정
해주었다. 아내 애니와 코디는 즐겁게 이야기를 나누었는

데, 그들은 처음 만난 사이라고 믿어지지 않을 만큼 금세 절친한 친구가 됐다.

주디는 코디에 관해 얘기할 때 꽤나 침착했다. 그녀는 코디의 장애는 하느님이 주신 선물이며, 자신의 인생 중 코디의 장애만큼 자신들에게 사랑과 나눔에 관해 진실하고 깊이 있게 가르쳐준 일은 없었다고 말했다. 하느님께서 얼마나 오랫동안 코디를 그녀 곁에 있게 하실지 모르겠지만, 그렇기 때문에 허락된 시간 동안 더욱더 열심히 아들을 사랑할 것이라고 덧붙였다.

그 뒤로도 오랜 세월 동안 코디 가족과 나, 그리고 애니는 친하게 지냈다. 우리는 아직도 매해 크리스마스 때마다 코디만을 위한 특별한 크리스마스 행사를 마련하고 있다.

코디는 현재 학교에 다니고 있고, 헨리와 주디가 입양한 어린 여동생에게 오빠 노릇을 하며 매우 뿌듯해하고 있다. 비록 육체적으로 보통의 아이들과 같지는 않지만, 그는 여전히 행복하다.

하느님께서는 우리가 생각했던

것보다 더 오래 코디를 아빠 엄마 곁에 남겨두셨다. 그것은 큰 축복임에 틀림없다. 모든 부모들에게 자녀는 그 자체로도 큰 축복이다.

코디의 부모는 그것을 조금 더 빨리, 조금 더 많이 알고 있었다.

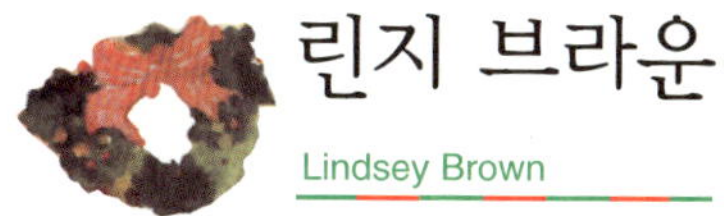

린지 브라운

Lindsey Brown

⭐ 그위네트플레이스 몰의 산타 행사장 세트는 1층의 중앙홀에 위치해 있었는데, 건물 내부가 도넛형인 관계로 사람들은 조금 높은 층의 발코니에 모여 중앙홀의 산타 행사를 보곤 했다. 때문에 나는 행사 도중 위를 올려다볼 기회가 생기면 그곳에 있는 사람들을 향해 손을 흔들어주곤 했다.

하루는 두 여인이 난간 너머로 몸을 기울여 행사 장면을 보고 있는 것이 보였다. 그들은 휠체어에 탄 아이를 데리고 있었다. 내가 그들에게 손을 흔들자 그들도 손을 흔들어 답했다.

그리고 잠시 후 고개를 들어 그쪽을 보니 그들은 여전히 그곳에 있었다. 내가 아래로 내려오라고 손짓하자 두 여인은 서로 마주 보며 무슨 애긴가를 나눌 뿐 움직이진 않았다.

얼마의 시간이 흐른 뒤 다시 그쪽을 보니 그들은 아직도 그곳에 꼼짝 않고 서 있었다. 그래서 이번엔 손을 더 크게 흔들며 내 쪽으로 내려오라는 신호를 보냈다. 그들도 함께 손을 흔들어 보였지만, 역시 움직이진 않았다. 때문에 결국 내가 직접 아이들을 부르기로 결정했다. 쉬는 시간이 되었을 때, 마이크 선을 끌며 산타 의자에서 일어나 매우 큰 소리로 외쳤다.

"엘리베이터를 타고 내려와 세트 위로 올라와요!"

그러자 그들은 발코니에서 나와 내 쪽으로 오는 길과 통하는 엘리베이터로 향했다.

나는 휠체어가 도착할 때까지 아이들과의 만남을 계속 진행했다. 곧이어 휠체어가 도착했고, 나는 그 안에 앉아 있는 작은 천사를 만날 수 있었다. 그 아이는 네 살 정도의 작은 소녀로, 아름답고 긴 금발머리를 갖고 있었는데, 웃는 모습이 부자연스러웠다. 나는 그것만으로도 아이가 여러 가지 장애를 심하게 앓고 있다는 걸 눈치챌 수 있었다. 하지만 소녀의 미소만큼은 반짝반짝 빛나고 있었다.

나는 아이에게서 눈을 떼지 못한 채 아이의 엄마에게 물었다.

"이 아이의 이름이 뭐죠?"

아이의 엄마가 대답했다.

"린지 앤 브라운이랍니다. 네 살이고요. 산타클로스를 매우 사랑하는 아이예요."

나는 휠체어 발판에 달린 발 보호대를 가리키며 말했다.

"내가 린지를 안아 올려 내 무릎 위에 앉혀도 될까요?"

"물론이에요. 하지만 굳이 힘들게 그러시지 않아도 돼요."

"무슨 말씀이세요? 난 꼭 린지를 안아보고 싶은걸요. 어머니도 알다시피 산타는 린지를 무척이나 사랑한답니다."

나는 린지의 가슴 부분에 있는 나비 모양의 버팀대를 느슨하게 해서 린지를 조심스럽게 안아 올렸다. 그런 다음 린지의 머리를 한 손으로 받치고서 사진사에게 린지네 가족을 위한 무료 사진을 찍어달라고 요청했다. 그리고 부서질 듯이 연약한 아이를 내 무릎에 눕히며 린지의 엄마에게 말했다.

"린지에 대해 자세히 얘기해주실래요?"

린지의 엄마는 딸의 증상을 모두 얘기했다. 나는 조심스럽게 린지 엄마의 소견도 물었다.

"우린 정말 잘 모르겠어요. 의사들은 아이가 오래 살지 못할 거라고 했어요. 우리에게 린지는 하느님께서 주신 선물이에요. 제가 할 수 있는 건 린지가 우리 곁에 머물러 있는 동안 열심히, 후회 없이 사랑하는 것뿐이에요."

나는 가슴속에서부터 복받쳐 오르는 감정을 주체하지 못해 목이 메었다.

"어쨌든 나는 어머니가 린지를 아주 오랫동안 사랑할 수 있을 거라고 믿어요."

나를 기다리는 다른 많은 아이들 때문에 린지를 다시 휠체어에 내려놓았다. 그런데 그들이 떠나려는 찰나 린지의 휠체어에 수리가 필요하다는 것을 깨달았다. 그래서 린지의 엄마에게 휠체어 수리를

제안하자, 그녀는 휠체어를 고칠 만한 경제적 여유가 없다고 말했다.

나는 아이들에게 나눠주는 수첩을 하나 꺼내서 내 이름과 전화번호를 적어 린지 엄마에게 주며 말했다. "이 사람에게 내일 전화하세요. 그가 무료로 수리해줄 겁니다."

그들은 내게 감사를 표한 뒤 떠났고, 나는 다음 아이에게 손짓해 일을 계속했다.

다음날 아침 내가 운영하는 휠체어 가게에 전화가 왔다. 망설이는 듯 떨리는 여자의 목소리가 나를 찾았다.

"저…… 어떻게 말해야 할지 모르겠지만, 그위네트플레이스 몰의 산타가 당신에게 전화해서 딸의 휠체어를 손봐달라고 부탁해보라고 해서 전화 드렸어요."

"오, 맞아요. 내가 그위네트플레이스 몰의 그 산타랍니다."

나는 그녀에게 애니와 내가 일하는 곳을 알려주고 약속을 잡은 뒤 찾아오는 길을 가르쳐주었다. 그리고 마침내 약속 시간이 되어 그들이 찾아왔다.

린지 엄마의 이름은 제인 브라운이었다. 그녀는 우리에게 그위네트플레이스 몰 발코니에서 선뜻 내려오지 못했던 이유를 털어놨는데, 우리는 그녀의 말을 듣고 놀라지 않을 수 없었다.

그녀의 말에 의하면, 지난해 다른 쇼핑몰에서 산타를 만나기 위해 거의 1시간이나 줄을 서서 기다린 끝에 그들의 차례가 되어 산타에게 다가갔는데, 산타가 린지를 힐끗 보더니 "안 돼요! 난 저 아이를 만질 수 없소!"라고 말했다는 것이다. 그러고는 제인과 린지에게 나가라고 손짓을 하고 다음 아이에게 돌아섰다는 것이다.

나는 충격을 받았고 분노했다. 내가 그 시간 그곳에 있었다면, 그런 끔찍한 일은 절대로 일어나지 않았을 것이다. 나는 아이들에게 최고의 사랑을 똑같이 나눠주고자 노력해 왔다.

제인과 나는 그 뒤로도 가끔 만나 린지에 대한 얘기를 나누었다. 그녀가 린지를 동반하지 않고 아메리칸페어로 나를 찾아왔을 땐, 크리스마스 시즌이 끝나면 인형 선물을 들고 내가 직접 린지를 찾아갈 것을 약속하기도 했다.

훗날 린지가 비뚤어진 척추를 바로잡기 위해 힘든 수술을 받았을 때에는 애니와 함께 병원으로 가서 린지의 부모를 만나 격려하기도 했다.

우리는 여전히 린지네 가족과 친분을 유지하고 있다. 린지는 너무나 예쁘게 잘 자라고 있고, 학교에도 다니며, 아직 어리지만 제법 숙녀티도 난다. 또한 전기휠체어를 스스로 움직일 수도 있고, 무엇보다도 여전히 반짝이는 미소를 간직하고 있다.

그레이프바인에서

⭐ 　언젠가 DHR에서 만난 진이라는 여인이 어느 날 내게 전화를 해, 사우스캐롤라이나에 있는 레이크시티로 나를 초대했다. 자신의 선물 가게에서 산타 행사를 해달라는 것이다. 애니와 나는 10월 중 5일 동안 그 행사를 하는 것에 동의했다. 영업사원 시절 레이크시티에 가본 적은 있으나, 그곳에 굉장히 멋진 병원이 있었다는 것 외에는 기억나는 게 없었다.

　진의 가게 이름은 그레이프바인이었다. 애니와 나는 레이크시티 방문 첫날 저녁에 그곳을 가볍게 답사했다. 그래서 그 다음날 길을 헤매지 않을 수 있었다. 우리는 그레이프바인을 쉽게 찾았고, 그 가게를 보자마자 매료되었다.

그곳엔 진과 그녀의 도우미 몇 명이 있었고, 우리는 서로 인사한 뒤 행사를 위한 준비사항을 점검했다. 가게 안의 분위기는 매우 유쾌했고, 진은 우리에게 매우 친절했다. 사진 촬영을 위한 세트도 마음에 쏙 들었다. 새하얀 뒷배경, 푹신한 쿠션이 놓여 있는 넓은 나무 벤치, 그리고 진의 남편이 만든 큰 장난감 병정이 서 있었다.

그 다음날 애니와 나는 산타 옷을 입고 예정보다 일찍 그레이프바인으로 갔다. 안으로 들어가자마자 사진촬영팀과 만났는데, 그 일원인 사진작가 데이브 마컴과는 그 인연으로 서로 평생 친구가 되었다. 그는 검은 머리에 턱수염을 길렀고, 왜소한 체구였지만 온몸이 에너지로 가득 차 있는 사람이었다. 그리고 그의 아내 프랜은 아름다운 미모와 편안한 성격으로 초면에 우리들을 매료시켰다.

나는 사진촬영 기법에 대해 아주 조금 알고 있었다(나는 클레이튼 주립대학의 평생교육 프로그램에서 얼마간 사진촬영 기법에 대해 강의를 한 적이 있었다).

사진 기법 중 가르치기 매우 어려운 기술 중 하나이며 배우기엔 더 어려운 '터치'라는 기법이 있다. 그것은 사람들의 행동을 미리 예측해 셔터를 눌러 가장 최고의 순간을 잡아내는 것이다. 아이가 내 무릎에 앉는 그 순간에 플래시가 팡팡 터진다는 건 분명 비범한 촬영팀이기에 가능한 일이었다.

또한 데이브는 아이들의 관심을 끌어 한곳에 잡아두는 기술에 탁월했고, 말썽을 피우는 아이를 찍을 때도 웃음을 잃지 않고 최선을 다했다. 이렇듯 우린 정말 멋진 팀이었다.

우린 첫날부터 데이브와 프랜 역시 하느님을 사랑하고 믿는다는 것을 알았다. 우리는 하느님 안에서 형제자매로서 사랑을 나누었고, 이 사랑이 영원히 지속되리라는 걸 믿었다.

이 얼마나 기쁜 일인가!

제임스 프랭클린 킹
James Franklin King

그녀가 그레이프바인으로 처음 들어왔을 때, 나는 그녀를 미처 보지 못했다. 그녀는 가게의 간판을 보고는 누군가에게 선물할 것이 있다는 게 생각나 가게 안으로 들어왔다고 했다. 가게에 들어서는 순간까지도 가게 안에 산타가 있을 거라고는 생각하지 못한 그녀는, 아이들과 얘기를 하고 있는 산타를 목격하고는 믿을 수가 없었다. 그녀는 아이들과 산타가 얘기하는 것을 한동안 물끄러미 바라보며 아들 제임스 프랭클린 킹을 떠올렸다.

제임스는 두 살이었다. 제임스의 엄마는 그가 다른 아이들에 비해 다소 뒤처져 있으며, 항상 많은 것들에 대한 공포를 느낀다고 말했다. 그중 가장 큰 공포는 산타클로스에 대한 것이라고 했다. 그래서 제임스의 형이 산타클로스의 무릎에 앉아 있는 사진은 많아도, 제임스의 것은 하나도 없었다. 그녀는 잠시 골똘히 고민하다가 제임스를 데리러 약 41킬로미터나 떨어진 집으로 갔다.

그리고 그녀가 아들을 데리고 돌아왔을 때야 나는 비로소 그들을 보게 되었다. 엄마 옆에 바싹 붙어 있는 아이는 마치 소공자 같은 차림을 하고 있었다. 하지만 내 관심을 끈 것은 그게 아니었다.

아이는 이마를 심하게 찌푸리고 있어 양쪽 눈썹이 서로 닿을 지경이었으며 손을 머리 근처로 올린 채 불안정한 자세를 취하고 있었다. 그리고 조그만 소리에도 겁에 질린 얼굴로 귀를 틀어막았다.

그런데 나는 아이의 그런 모습이 어쩐지 낯설지 않았다. 아이를 좀더 유심히 보고 있는데 순간적으로 예전에 《리더스 다이제스트》에서 읽은 「조지를 위한 싸움」이란 기사가 떠올랐다. 그것은 주변의 소리가 고통스러울 정도로 크게 들리는 청각 장애아에 대한 기사였다. 그 장애의 증상 중

하나는 소리의 크기에 따라 고통의 정도가 결정된다는 것이었다. 조지는 자신의 귀를 급습하는 것들에게서 스스로를 지키기 위한 몇 가지 방법을 갖고 있었다. 우선은 자신을 아프게 하는 목소리를 가진 사람들에게는 다가가지 않았고 깜짝 놀랄 만한 소리가 나는 장소는 피했으며, 항상 귀를 막을 준비를 했다. 결국 조지는 적절한 치료를 받았고, 회복 또한 빠르고 완벽했다. 나는 어쩐지 제임스가 이

기사 속의 조지와 비슷해 보였다.

　내 아내 애니는 내가 알고 있는 가장 현명한 사람일 뿐 아니라 지구 상에 존재하는 가장 친절한 사람이기도 했다. 애니는 조지에 관한 기사를 읽지 못했음에도 불구하고 제임스가 뭔가 특별한 문제를 안고 있는 아이라는 것을 알아챘다. 그리고 직관적인 느낌으로 제임스를 배려했다. 제임스에게 아주 천천히 다가가 매우 낮고 부드러운 목소리로 말을 건 것이다. 애니는 제임스에게 산타에게 가서 애기를 나눠보지 않겠느냐고 말했고, 제임스는 고개를 끄덕여 찬성했다. 그 순간 제임스의 엄마는 두 손으로 입을 틀어막고는 흐느끼고 있었다.

애니는 제임스를 최대한 내 가까이로, 하지만 제임스가 힘들어하지 않을 거리까지 데리고 왔다. 하지만 난 섣불리 어떠한 동작도 취하지 않았다. 애니가 아주 작은 목소리로 내게 말했다.

"산타, 제임스 프랭클린 킹이 왔어요. 올해에 다시 보니 참 많이 컸죠?"

나 역시 애니가 하는 것처럼 작은 목소리로 속삭였다.

"오, 정말 그러네요. 작년 크리스마스 때보다 참 많이 컸는걸. 그렇지 않소?"

사실 나는 제임스를 처음 보았다. 제임스는 손으로 귀를 막을 준비를 하고 있었다.

내가 "착하게 지냈니, 제임스 프랭클린?"이라고 아주 작은 소리로 조심스럽게 묻자, 제임스가 고개를 끄덕였다.

"내 무릎에 와서 앉겠니?"

제임스가 다시 고개를 끄덕였다. 나는 제임스의 어깨를 아주 가볍게 토닥거렸다. 제임스는 순간 움찔하더니 곧 긴장을 풀었다. 나는 제임스에게 좀더 가까이 다가가 그를 다정하게 끌어안고 내 무릎 위에 앉혔다. 나는 프랜에게 사진 찍는 것을 잠시 멈춰달라는 신호를 보냈다. 제임스가 어떠한 방해도 받지 않고 내 무릎에 조금이라도 더 오래 앉아 있게 하고 싶었기 때문이다.

우리는 이야기를 시작했다. 시간이 조금 지나자 어느새 귀 가까이 가 있던 제임스의 손이 자연스럽게 내려가 있었고, 점점 더 긴장을 푸는 것 같았다. 나는 그를 조용히 달랬다.

잠시 후 프랜과 데이브가 사진 찍을 준비를 했고, 제임스는 플래시가 터지는 것도 알아채지 못할 정도로 안정돼 있었다. 드디어 제임스가 산타와 이야기를 나누게 된 것이다! 제임스의 엄마는 너무나 감격해 정신이 혼미해질 지경이었다.

제임스가 내게 말했다. "'허허허'라고 웃지 말아주세요."

나는 제임스의 말에 그 아이가 과거에 왜 산타를 그렇게나 두려워했는지 알 수 있었다. 아마 산타가 과장되게 '허허허' 하며 큰 소리로 웃었을 것이고, 제임스에게는 그 소리가 무척 고통스러웠을 것이다. 제임스는 사람을 무서워한 게 아니라 '허허허' 하는 소리, 자신에게는 너무나 크게 들리는 그 소리를 무서워한 것이었다.

다른 아이들이 오기 전까지 나는 제임스와 15분 동안이나 얘기를 나눴다. 나는 제임스에게 "너는 매우 특별한 친구야! 나는 너를 무척 사랑한다"고 말해줬다. 그런 다음 애니가 제임스의 손을 잡고 데려갔다.

동시에 제임스의 엄마가 내게 다가와 내 목을 끌어안았다. 그녀의 눈물이 내 귀를 적셨다. 그런 그녀에게 나는 제임스의 문제에 대해 조심스럽게 말을 꺼내기 시작했다.

"저 아이에게는 청각 장애가 있습니다."

그녀는 내가 말을 다 마치기도 전에 내 발치에 털썩 주저앉아 숨을 가쁘게 몰아쉬었다.

나는 말을 계속했다.

"어떤 아이들은 소리에 굉장히 민감합니다. 제임스도 역시 그런 문제를 앓고 있어요."

내 말을 듣던 그녀는 내 손을 부여잡았다. 그녀는 11월 초에 근처 병원에서 청각 테스트가 진행되는데, 제임스를 그 테스트에 참가시키기 위해 이미 신청해둔 상태라고 말했다. 그 테스트를 통해 제임스의 문제가 확실시된다면 1월에 치료를 받기로 했다고 말했다.

"난 제임스가 나아질 거라고 확신해요. 곧 제임스가 여느 아이들과 다를 게 없다는 사실을 알게 될 거예요."

내 말이 끝나자 그녀는 나를 끌어안으며 더 많은 눈물을 흘렸다. 그러고는 우리의 주소를 물었다. 나는 FODA 명함을 주었고, 그녀는 애니와 포옹한 뒤 아들을 데리고 집으로 돌아갔다.

그리고 11월 중순에 우리는 한 통의 편지를 받았다. 제임스가 청각 장애아로 판명되었고, 치료자 명단에 첫 번째로 올라 있다는 내용이었다. 제임스의 엄마는 1월까지 기다려야 한다는 것에 안절부절못하고 있었다.

얼마 뒤 크리스마스 직후에 나는 또 한 통의 편지를 받았는데, 편지 봉투 안에는 어느 신문의 1면 기사의 복사본이

들어 있었다. 나는 그 기사를 읽으며 충격을 받았다. 제임스의 엄마가 나에 대해 인터뷰한 내용이었다. 그녀는 내가 천사이며, 내게 초현실적인 힘이 있다고 말하고 있었다. 그건 분명 그녀의 착각이었다.

내 말을 들은 애니가 꼭 그렇지만은 않을 거라고 말했다. 하느님은 불우한 이들을 돕기 위해 나를 당신의 도구로 쓰고 계신 것일지도 모른다고 조언했다. 사실 내가 《리더스 다이제스트》의 기사를 읽은 것, 그리고 제임스를 보자마자 그 기사를 떠올렸던 것은 전혀 내 의지가 아니었다.

그렇다면 그 모든 일들이 하느님의 계획이었던 걸까? 세상에서 가장 성스러운 시즌에, 또 그들 모자가 가장 필요로 하는 때에 슬픈 엄마와 공포에 떨고 있는 작은 소년의 불행을 덜어주기 위해 나와 애니가 하느님의 심부름꾼으로 쓰였던 것일까? 제임스 가족에게 크리스마스의 희망 메시지를 전하기 위해 우리가 쓰인 것일까? 나는 그 모든 해답을 시간이 가르쳐줄 것이라고 믿었다.

그리고 얼마 후, 시간은 정말 우리에게 답을 가르쳐줬다.

그 다음해 여름, 제임스의 엄마에게서 전화가 와서, 나와 애니를 마틀 비치 남부 해안 근처 머렐스인렛에 있는 별장으로 초대했다. 그녀는 우리가 그곳에 오면 깜짝 놀랄 선물이 기다리고 있을 거라고 했다. 우리는 그 별장에 도착하기도 전에, 별장으로 향하는 자연 경관에 이미 충분히 놀랐다.

우리가 별장에 도착하자마자 제임스의 엄마는 우리의 작은 친구 제임스를 데리고 다가왔다. 나와 제임스는 서로 따뜻하게 포옹했다. 그의 손은 귀를 틀어막고 있지 않았다. 그는 예전보다 훨씬 침착해 보였고, 자신감에 차 있었다. 제임스의 엄마가 들뜬 얼굴로 그에게 책을 건네주었다. 그리고 떨리지만 조용한 목소리로 말했다.

"산타에게 너의 깜짝 선물을 보여드리렴."

그러자 제임스가 빠르고 자신 있게 책을 읽기 시작했다. 제임스는 여느 다섯 살 난 아이들이 하는 것처럼 해 보이려고 애썼다. 그리고 제임스는 충분히 보통의 다섯 살 난 아이들처럼 책을 또박또박 읽고 있었다. 청각에 문제가 있었던 아이라고는 믿어지지 않았다.

애니와 내 두 눈에서 눈물이 흘러내렸다.

레스토랑 투어
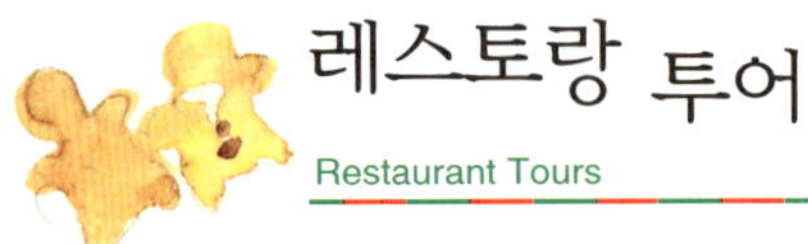
Restaurant Tours

파티의 주최자인 진 리와 그녀의 남편 켄은 정말 멋진 사람들이었다. 그들은 파티를 열 만한 여러 레스토랑을 신중히 물색하던 중, 레스토랑 측에 한 가지 제안을 했다. 자신들이 산타에게 레스토랑에 방문해줄 것을 부탁할 테니, 레스토랑에서는 산타와 클로스 부인에게 음식을 공짜로 제공해달라는 것이었다. 레스토랑 측은 흔쾌히 동의했다. 자신들의 가게에 산타가 와준다면 더할 나위 없이 좋은 일이니 말이다.

우리가 방문한 첫 번째 레스토랑은 한 가족 소유의 스테이크 하우스인 레드반이었는데, 우리는 그곳에서 즐거운 시간을 보냈다. 레드반은 작은 농촌에 위치해 있었는데, 마을 사람들은 모두 착하고 선량했다.

우리는 레스토랑을 방문했을 때 사람들을 즐겁게 할 방법을 생각해냈다. 우선 파티의 주최자가 먼저 안으로 들어가 사람들이 쇼를 즐길 수 있도록 분위기를 조성한 다음 얼마 후 나와 애니가 들어가 여러 방을 돌며 모든 사람들과 대화를 나누는 것이다. 그때 우리는 사람들에게 막대사탕을 나눠주며 어른 아이 할 것 없이 즐거운 시간을 보내기로 했다.

사실 대부분의 어른들은 자신이 산타에게 관심을 가지기엔 동심의 세계로부터 너무나 멀리 와버렸다고 무감각하게 말하곤 한다. 그럴 때면 우리는 그들에게 다시금 순수했던 어린 시절을 상기시켜주기 위해 노력한다. 그들의 악동 시절을 들춰내 그들이 어느새 잊고 있던 상상과 모험에 대한 설렘을 끌어낸다.

때로는 크리스마스의 감흥 따위는 안중에도 없다는 얼굴로 테이블에 모여 앉아 있는 어른들 중 한 명을 지목해 그가 어떻게 해서든 어린 시절을 떠올려볼 수 있도록 충동질

하기도 한다. 일부러 '당신은 말썽꾸러기 대장이었을 것'
이라고 그를 자극하면, 그의 얼굴에선 어느새 무료함이 사
라진다. 자신도 모르게 자기의 어린 시절을 떠올리며 감회
에 젖는 것이다. 나와 애니는 그렇게 어른들을 위한 산타가
돼보기도 했다.

우리는 레드반에서 환상적인 식사 대접을 받았다. 우리
는 식사 도중 아이들과 얘기를 나누며 그들 모두를 그레이
프바인에 초대했다.

식사가 끝난 후 요리사와 종업원들을 만나 진수성찬에
대한 감사를 표한 뒤 나와 애니는 데이스 여관으로 가서 편
히 쉬면서 그날의 흥미진진한 레스토랑 파티를 떠올렸다.

다음날 우리는 점심을 먹으러 프로서 카페테리아에 갔
다. 프로서의 후라이드 치킨은 너무나 완벽했다. 정말이지
어디에 내놔도 뒤지지 않을 만큼 놀라운 맛이었다.

저녁때에는 컨트리커즌스 바비큐에 갔다. 그곳도 정말
환상적이었다. 그런데 작업복을 입은, 덩치가 거인 같은 남
자와 그의 부인으로 보이는 여자가 눈에 띄었다. 나는 문득
그들과 인사를 나누고 싶어졌다. 그래서 그들에게 다가가

인사를 건네자, 여자는 나를 한 번 올려다볼 뿐 아무 말이 없었고, 남자는 아예 쳐다보지도 않고 먹는 것에만 집중했다. 나는 거기서 포기하지 않고 그들의 테이블에 막대사탕 두 개를 올려놓았다. 남자는 여전히 나를 무시한 채 먹는 것을 멈추지 않았다.

잠시 후 우리가 식사를 하는 동안 그들이 떠나려고 일어나는 것이 보였다. 남자는 두 개의 막대사탕을 집어들더니 하나를 여자에게 주고 문으로 향했다. 그리고 우리 테이블을 지나치면서 깊게 울리는 낮은 목소리로 "메리 크리스마스, 산타!"라고 말했다. 나는 순간 내 귀를 의심했지만, 그는 분명 그렇게 말하며 우리를 스쳐지나갔다. 물론 그는 걷는 속도를 늦추지도 않았고 우리 쪽을 쳐다보지도 않았지만 분명 산타에게 인사를 건넨 것이다. 그의 우락부락한 외모 속 어느 곳에 작은 소년의 심장이 뛰고 있다는 말이다. 나는 너무 행복했다.

나와 애니는 지금까지 그 장소들에 매년 들렀다. 그곳들에서 맛보는 훌륭한 음식과 흥미로운 경험들은 언제나 놀라웠고 새로웠다. 식당 주인과 손님들의 끈끈한 우애는 특

히 인상적이었다. 우리는 동지애로 똘똘 뭉친 사람들이 함
께 모여 예수 그리스도의 탄생을 축복하는 그 자체가 바로
천국의 모습일 거라고 생각했다.

산타가 다시 말을 타다

⭐ 대부분의 사람들이 산타가 루돌프 사슴을 타고 다닌다고 알고 있다. 하지만 꼭 그렇지만은 않다. 유럽의 몇몇 나라에서는 산타가 말을 타고 다니기도 한다.

젊었을 때 나는 올림픽 국가대표 수준은 아니더라도 대목장에서 말을 자유롭게 탈 정도의 꽤 훌륭한 기수였다. 금요일 오후가 되면 친구들과 함께 우리 집 근처의 큰 목장에서 말과 소들을 몰곤 했다. 주말에 말을 타는 주인들을 위해 말들을 미리 꺼내 길들여놓는 것이다.

내가 마지막으로 말을 탄 건 회사에서 열린 영업회의에 참석했던 1981년이었다. 다시는 말을 탈 생각이 없었음에도 불구하고 데이브와 프랜의 썩 좋지 않은 아이디어로 어쩔 수 없이 말을 타게 됐다. 그들은 산타와 클로스 부인이 말을 타고 다니면 굉장히 좋은 사진감이 될 거라고 나를 설득하기 시작했다.

그나마 나는 말을 타본 경험이 많았지만, 애니는 승마 경험이 전혀 없는 데다가 자신보다 큰 동물(나를 포함한)에 대한 경계심을 갖고 있었다. 그래서 그녀는 말을 타고 사진을 찍는 것을 꺼려했다. 하지만 결국 짧은 시간 동안 곁안장으로만 탄다는 전제 아래 나를 위해 승마를 시도하기로 결심했다.

데이브는 내가 탈 말이 어린 망아지가 있는 번식용 암말이라고 했지만, 그 설명은 아무런 도움이 되지 않았다. 게다가 그 말이 겁이 많아 잘 놀라기 때문에 출발할 때 보일 반응이 걱정스럽다고도 했다. 나는 말이 나를 등에서 떨어뜨리고 애니를 발로 차는 것을 상상만 해도 소름이 끼쳤다. 하지만 내가 하는 산타 일이란 게 원래 그런 것이었다. 용기를 갖고 시도하는 수밖에 없었다.

데이브와 나는 암말에게 안장을 얹는 등의 여러 가지를

준비하기 위해 밴을 타고 목장 밖으로 나갔다. 망아지를 어미에게서 떼어놓고 굴레를 씌워 안장을 얹기까지는 꽤 오랜 시간이 걸렸다. 말을 타본 지가 하도 오래전 일이라 안장 끈을 올바로 묶는 방법을 까맣게 잊어버린 것이다. 어쨌든 우리는 말을 타기 위한 만반의 준비를 마쳤다.

나는 말이 날 잘 알아보게 하는 것은 물론, 내가 두려운 존재가 아니라는 것을 알리기 위해 말의 얼굴 바로 앞에서 많은 시간을 보냈다. 그 말은 재갈을 물리는 것을 좋아하지 않았는데, 계속 거품을 물었다. 나는 그 침으로 인해 산타 옷이 더럽혀지지 않도록 주의를 기울였다.

사실 말의 등 위로 폼 나게 올라타고 싶었지만, 안장 손잡이에 손을 올리면서 동시에 등자를 밟는 것이 생각보다 너무 어려웠다. 결국 데이브가 나서서 나를 밀어 올려주고서야 말에 올라탈 수 있었다.

나를 태운 암말은 등에 가해지는 무게를 좋아하지 않았고, 내가 입에 재갈을 물리려 할 때마다 눈치를 채고는 껑충껑충 뛰거나 달아났다. 그러나 조금씩 자기를 통제하고 달래려는 내 의도를 알아줬고, 결국은 얌전한 숙녀처럼 잠잠해졌다. 물론, 잠시 동안이었지만 말이다.

드디어 애니가 말 가까이 와야 하는 순간이 다가왔다. 프랜의 밴을 타고 온 그녀의 얼굴에는 겁먹은 기색이 역력했다. 데이브가 애니를 말에게 안내해 둘이 안면을 익히도록 도왔다. 애니는 용케도 말의 코를 문지르며 말했다. "와, 굉장히 부드러워요." 그런 그녀를 보며 뭔가 도와주고 싶은 마음에 나는 "침을 흘리니 조심해요!"라고 소리쳤다. 나는 산타 옷을 세 벌이나 가지고 있었지만, 애니에게는 클로스 부인 의상이 두 벌밖에 없기 때문이었다.

그런데 그때 말이 애니를 향해 머리를 난폭하게 돌렸다. 내 외침이 말을 놀라게 한 것이다. 애니는 거의 떠밀리다시피 하며 네 걸음이나 뒷걸음질 쳐서 겨우 위기를 면했다. 나는 애니가 다시는 말 근처에 오려 하지 않을까봐 걱정되었다.

나는 말의 고삐를 당겨 말을 천천히 돌게 한 뒤 애니에게 말을 자극하지 말고 조심히 행동하라고 말했다. 나는 첫 번째 사진을 위해 프랜의 카메라를 향해 천천히 돌았고, 애니는 살금살금 다가와 말굴레를 잡았다. 그러고는 재빨리 프랜을 보면서 "치즈"라고 발음했고, 프랜은 잽싸게 사진을 찍었다.

암말이 플래시에 별다른 반응을 보이지 않아 정말 다행이었다. 프랜은 최대한 빨리 사진을 찍었다. 애니는 침착하게 말굴레를 잡고 있었고, 암말은 더 이상 그녀에게 달려들지 않았다. 나는 카메라를 눌러대는 프랜의 환상적인 '터치' 기법이 좋은 사진들을 만들어낼 거라고 확신했다. 사진촬영이 어느 정도 진행되자 애니는 "이제 됐어요!"라고 말하며, 우아하게 그러나 무척 재빠르게 말에게서 물러나 프랜의 밴을 향해 가버렸다.

현상된 사진 속엔 목장을 가로질러 말을 빠르게 몰아가는 산타의 멋진 모습이 찍혀 있었다. 사진의 힘이란……. 사진 속의 나는 말에게 "힘차게 가자!"라고 외치며 신나게 대지를 달리고 있었다. 사실 내가 한 일이라곤 고삐를 느슨하게 잡고는 발을 암말의 옆구리에 대며 "워~워~"라고 소리친 것밖에 없었는데 말이다.

산타의 깜짝 선물

Santa's Surprise

모든 사람들이 산타는 크리스마스에만 온다고 알고 있지만, 사실 산타는 가끔 생일파티에도 나타나곤 한다. 앞에서 이미 한 작은 소년을 위한 깜짝 생일파티에 대한 얘기를 한 적이 있다. 지금부터 하려는 이야기 역시 다 큰 한 여자아이를 위한 깜짝 생일파티에 대한 것이다.

1994년 10월 레이크시티를 방문했을 때, 나와 애니는 우리 숙소에서 데이브를 위해 조촐한 깜짝 생일파티를 열었었다. 그때 프랜은 우리에게 이제껏 살아오면서 생일파티를 해본 적이 한 번도 없었다고 말했다. 이 얼마나 슬픈 일인가. 우리는 훗날 프랜의 생일이 1월 8일이라는 것을 알게 되었고, 그녀에게 일생에 남을 만한 파티를 열어주기로 결심했다.

그해에 우리는 산타 행사 세트 만들기를 도와준 실라 베일리라는 이름의 밝은 십대 소녀를 알게 되었는데 베일리도 우리의 생일파티 계획에 합류하게 됐다. 또 우리는 그녀의 엄마 일레인도 만나 생일파티 계획에 대해 함께 의논했다. 우리는 프랜과 데이브가 우리 계획을 눈치채지 못하게 온갖 주의를 기울이면서 베일리 가족과 함께 계획을 진행하는 게 즐겁고 행복했다.

크리스마스 2주일 전에 나는 베일리네 집에 전화를 걸어 프랜의 생일파티 계획을 점검했다. 일레인은 이미 파티 장소를 물색해놓았고, 프랜 주변 사람들을 초대해두었다고 했다. 우리는 그녀에게 많은 파티용 모자와 리본, 그리고 케이크를 준비했다고 말했다.

크리스마스 1주일 전에 나는 일레인에게 또 전화를 걸어 진행 상황을 물었는데, 그녀는 파티가 컨트리커즌스 바비큐에서 열릴 것이며, 40명 정도의 손님이 올 것 같다고 말했다. 우리는 전화로 일정을 확인하면서 매우 들떠 있었다.

일레인은 확실히 그런 일에 딱 맞는 사람이었다. 자신의 가족들을 위한 크리스마스 파티 준비만 해도 벅찰 텐데, 그녀는 낯선 누군가를 기쁘게 하기 위한 일에 적극적으로 동참했다.

드디어 파티가 코앞에 다가왔고, 나는 일레인에게 다시 한 번 전화를 했다. 그때쯤 그녀는 더욱 들떠 있었다. 파티 참석자 중 하나가 생일 케이크를 구워 오겠다고 했다며 기뻐했다.

애니와 나는 어리둥절했다. 우리가 아니어도 모든 사람들이 일을 척척 잘 진행시키고 있었던 것이다.

우리는 생일 전날인 1월 7일에 다시 통화했고, 일레인은 모든 것이 다 잘되어가고 있다고 말했다. 파티 예정 시간은 8시였는데 우리를 포함한 손님들은 준비를 위해 주인공보다 30분 먼저 와 있기로 했다.

프랜과 데이브에게는 컨트리커즌스에서 열리는 고등학교 동창회의 사진을 찍어달라는 핑계를 대고 저녁 8시까지 참석해달라고 말했다. 생일파티에 온 인원은 거의 60명에 다다랐다.

애니와 나는 컨트리커즌스에 도착한 후, 파티용 접시와 냅킨을 테이블 위에 세팅하고 파티용 모자와 폭죽들을 준비했다. 나는 주인공이 도착하기를 초조하게 기다리면서 사람들과 막대사탕을 나누며 인사를 했다.

그런데 파티의 흥을 깨는 단 하나의 방해꾼이 있었다. 무엇이겠는가? 바로 비였다!

8시 정각에 갑작스레 소나기가 쏟아지기 시작한 것이다.

그나마 금방 그쳐서 다행이었다. 그런데 기다리지 않았던 비는 내렸는데 기다리고 있는 주인공은 20분이 지나도 오지 않았다. 난 너무 초조해서 그들을 직접 데려오고 싶은 충동을 느꼈고, 몇몇 사람들은 블라인드 너머로 바깥을 내다보곤 했다.

잠시 후 그들이 마침내 문을 열고 들어왔을 때, 나는 기대감에 심장이 멎는 줄 알았다.

데이브가 먼저 들어와선 제일 먼저 나를 바라보았다. 그는 대체 무슨 일이 일어나고 있는지 모르겠다는 어리둥절한 얼굴이었다. 이어 프랜이 들어왔다. 바로 그때, 모든 사람들이 외쳤다. "서프라이즈!" 이어서 사람들은 음치 산타의 목소리에 맞춰 생일 축하 노래를 불렀다.

프랜은 모든 사람들이 "서프라이즈!"라고 외쳤을 때, 깜짝 놀라 어쩔 줄 몰라했다. 그리고 생일 축하 노래가 시작되자 사람들을 둘러보았고, 그 틈에 서 있는 나를 보았다. 그녀는 환한 미소를 띤 채 눈물을 글썽거렸다. 모든 사람들이 그녀를 포옹해줬고, 그녀를 위해 다시 노래를 불러주었다.

잠시 후 모든 사람들이 파티용 모자를 쓰고 음식과 선물을 나누며 폭죽을 터뜨렸다.

환상적인 맛의 바비큐가 사람들의 흥을 더 돋워주었다.

그곳엔 선물과 촛불, 케이크 등 생일파티에 있어야 할 모든 것들이 준비돼 있었다.

그날 프랜은 다시 어린아이가 되었다. 그리고 평생 생일파티 한 번 해보지 못했던 서운함이 이 한 번의 파티로 모두 사라졌다. 애니와 나는 프랜을 위한 환상적인 파티에 함께할 수 있다는 사실이 기쁠 뿐이었다. 그날의 파티는 오랜 시간 동안 채워지지 못했던 그녀 삶의 한 빈틈에 따뜻한 온기를 불어넣어주었다. 그리고 그 틈으로 천국에서 내려온 빛이 스며들었다.

# 스테이크 하우스에서의 산타

Santa at the Steak House

    때때로 사람들은 내게 이런 질문을 한다. 공
공장소에서 아이며 어른이며 쉴 새 없이 말을 걸어오는 것
이 귀찮지 않느냐고. 물론, 사람들이 산타를 보고 신기해하
며 모여들 때 그저 손 한 번 흔들어주면 그만일 수도 있다.
하지만, 난 그렇게 해본 적이 한 번도 없다. 체력이 버텨낼
수 있는 한 난 모든 사람들과 소중한 순간들을 즐기고 싶
다. 지금부터 하려는 이야기에서처럼 말이다.

어느 날 애니와 나는 레이크시티에서의 바쁜 주말을 보
내고 집으로 돌아가고 있었다. 산타 행사의 마지막 사진을
찍자마자 우린 옷을 갈아입었고(우리 둘 다 청바지에 평범한

스웨터를 입었다), 우리의 친구이자 사진작가인 데이브와 프랜에게 작별인사를 하고 행사장을 나왔다. 배가 그리 고프진 않았지만, 근처의 패밀리 스테이크 하우스에 들러 저녁식사를 하기로 했다.

그런데 식당 안의 몇몇 사람들이 우리를 보자 깜짝 놀랐다. 하지만 아무도 말을 걸어오진 않았다. 우리가 계산대 직원에게 다가갔을 때, 그녀는 우리를 올려다보며 입을 삐끔거리더니 이렇게 말했다. "맙소사. 당신은 꼭……."

나는 순간 검지손가락을 입술에 갖다 대며 말했다.

"쉿! 아무에게도 내가 여기 있다는 걸 말하지 말아요. 알았죠?"

그녀가 입을 떡 벌린 채 고개를 끄덕였다.

"약속?" 내가 다시 강조하듯 말했다.

그녀가 다시 고개를 끄덕였다.

나는 그녀에게 막대사탕을 주면서 말했다.

"잊지 말아요. 아무한테도 말하지 않는 거. 알았죠?"

그녀는 여전히 입을 딱 벌린 채 막대사탕을 모아 쥐며 고개를 끄덕였다. 그녀는 어리둥절한 와중에도 다행히 계산을 잘해주었고, 나는 잔돈을 받은 뒤 우리 접시를 들고 테이블로 갔다.

우리가 한 대가족 곁을 지나갈 때, 한 아이가 "저기 산타 클로스야!"라고 외쳤다.

나는 그 아이에게 '쉿' 하는 신호를 보내며 나머지 가족에게도 말했다.

"쉿! 아무한테도 말하면 안 돼요."

하지만 우리가 자리에 앉은 뒤 주위를 둘러보자 식당 안의 모든 눈들이 우리를 주시하고 있었다. 나는 가볍게 손을 흔들며 다른 손으로는 '쉿' 하는 손짓을 해보였다.

우리는 샐러드 바에 가서도 지나가는 사람들에게 미소 지었고, 아이들에게 손을 흔들어주었다. 그리고 평소대로 식사할 수 있는 게 축복이라고 생각했다. 계속해서 다른 이들의 시선이 느껴졌지만, 우리는 애써 쳐다보지 않았다.

잠시 후 한 가족이 우리 뒤쪽에 있는 테이블에 앉았다. 아들은 11세, 딸은 7세 정도 돼 보였다. 그들은 우리에게 아무 관심 없다는 듯 새침한 얼굴로 지나쳤다. 여자아이는 처음엔 우리를 알아보지 못하는 듯했다. 그러다가 우리와

1미터쯤 떨어진 곳에 멈춰 서서 한동안 우리를 뚫어져라 쳐다보고는 가족에게로 서둘러 돌아갔다.

애니 자리에서는 그들 가족을 볼 수 있었는데, 그녀는 내게 그 가족 사이에 일어나는 일들을 자세하게 묘사해주었다. 무슨 말인가를 하며 연신 고개를 끄덕이는 소녀, 머리를 내젓는 소년, 그리고 어깨를 으쓱해 보이고는 아이들을 무시해버리는 부모들까지 생생하게 흉내 냈다.

잠시 후 그 가족은 모두 샐러드 바로 갔고, 테이블로 돌아오는 길에 딸아이는 나를 쳐다보느라 접시를 든 채 테이블에 부딪칠 뻔했다. 몇 분 뒤 아이들 아빠가 혼자서 또다시 샐러드 바에 갔다. 애니도 샐러드 바로 가서 그의 건너편에 서서는 그에게 아이들의 이름을 물었다. 그는 아이들 이름이 케빈과 다니엘이라고 말했다. 애니는 괜찮다면 우리가 아이들에게 작은 즐거움을 줘도 괜찮겠느냐고 그에게 물었다. 아이들 아빠는 흔쾌히 동의했다. 애니는 그가 자리로 돌아갈 때까지 기다렸다가 우리 테이블로 돌아와 이 사실을 내게 알렸다.

우리는 얼른 식사를 끝내고 떠날 준비를 한 뒤, 그 가족의 테이블로 갔다.

"다니엘, 나는 네가 아주 착한 아이라는 걸 알고 있단다. 그러니 네게 이 막대사탕을 주마."

다니엘은 활짝 웃는 얼굴로 오빠를 쳐다보며 말했다. "봐, 내가 맞다고 했잖아!"

동생의 말에 소년은 히죽히죽 웃었다. 그러고는 여전히 장난꾸러기처럼 고개를 저었다.

"케빈, 넌 너무 의심이 많구나." 내가 말했다.

케빈은 자기 이름이 불리자 놀라서 아래턱이 빠질 만큼 입을 크게 벌렸다. 그리고 멀리서도 들을 수 있을 만큼 크게 숨을 몰아쉬었다.

"넌 누군가가 널 지켜보고 있을지도 모른다는 걸 모르는구나? 그렇기 때문에 항상 착한 아이여야 한단다. 자, 여기 사탕을 주마. 맛있게 먹으렴."

케빈은 아직도 얼떨떨한 표정으로 숨조차 제대로 쉬지 못했고, 사탕을 집기 위해 손을 뻗을 엄두도 내지 못했다. 나는 사탕을 테이블 위에 올려놓았다.

"또 보자꾸나!"

난 그렇게 말하고는 문으로 향했다.

우리가 출구로 다가가자 식당 안에 있던 모든 사람들의 시선이 우리에게 쏠렸다. 난 잠시 멈춰 서서 크게 손을 저으며 말했다. "메리 크리스마스!"

우리는 그들의 답례를 들으며 식당 문을 나섰다.

나는 그때 식당 안에서 산타클로스 의상을 입고 있지도 않았고, 내가 산타클로스라고 소개하지도 않았다. 그런데도 사람들은 내가 산타클로스인 것을 알아보았다.

정말 재미있고 정겨운 일이다. 이제 왜 내가 나를 향해 쏟아지는 사람들의 관심을 귀찮아하지 않는지 알겠는가?

산타가 줄 수 있는 것

⭐ 산타에게 있어서 가장 힘든 일 중 하나는 병원에 있는 아이들을 방문하는 것이다. 그것은 커다란 보람과 가슴 아픈 고통이 함께 찾아오는 시간이다.

나의 첫 번째 병문안은 애틀랜타에 있는 스코티시라이트 어린이병원에서 이루어졌다. 나는 그날 아이들에게 지역 은행에서 기증받은 테디 베어들을 나눠주기로 했었다.

스코티시라이트 어린이병원의 홍보 담당 직원 하나가 나와 함께 병실을 돌아다녔다. 그녀는 홍보 담당 직원이라기보다는 보육원 교사 같았다. 나는 테디 베어가 든 자루를 들고 다니며, 그것을 하나씩 나눠주면서도 어쩐지 마음이 불편했다. 테디 베어와 내가 너무 무기력하게 여겨졌기 때문이다.

우리는 한 십대 소년의 병실로 들어갔다. 간호사는 그 소년이 몇 시간 전에 수술을 받았지만 지금은 들어가도 괜찮다고 말했다. 내가 문을 열고 들어서자 거칠게 토하는 소리가 들렸다. 그리고 소년의 뒷머리를 받치고 있는 엄마가 보였고, 소년은 콩팥 모양의 그릇이 가득 찰 정도로 먹은 것을 게워내고 있었다.

나는 방 안을 둘러본 뒤 별 도움이 안 되는 테디 베어를 침대에 내던지고는 싱크대로 달려가 빈 그릇을 들고 그녀에게 건네며 말했다.

"계속하세요, 어머니."

그러고는 소년의 어머니로부터 받아든 그릇을 싱크대에 가지고 가 깨끗이 씻어서 다시 그녀에게 건넸다. 그렇게 몇 번 그릇을 교체하고서야 겨우 구토가 멈췄다.

나는 그녀에게 조심스럽게 말했다.

"저와 클로스 부인이 당신들을 위해 기도하고 있다는 말을 하기 위해 왔어요."

그녀가 내 말을 듣고 감격한 얼굴로 내 목을 끌어안았다. 그녀는 울먹이며 말했다.

"감사해요. 난 항상 산타가 진짜 있다는 것을 믿고 있었어요."

그때 「이사야서」의 한 구절이 떠올랐다. "내가 상한 마음을 위로하기 위해 왔다."

이것이야말로 예수님이 우리에게 말하고자 했던 게 아니었을까? 난 조용히 기도했다.

"감사합니다, 주님. 당신의 사랑을 알릴 기회를 주셔서요."

난 내가 단지 테디 베어를 나눠주기 위해 그곳에 와 있는 것이 아니라는 걸 깨닫고는 계속해서 병실을 방문했다. 무기력함에 마음이 불편했던 상황에서 벗어나 새로운 임무를 진지하게 마음 깊이 새긴 것이다. 나는 모든 아이들과 부모들에게 하느님께서 그들을 얼마나 아끼고 사랑하시는지에 대해 말해주었고, 더불어 산타가 언제나 기도하고 있음을 고백했다.

나는 그곳에서 많은 아이들과 그리고 그들의 엄마 아빠를 안았다. 부모들도 아이들도 나와 안고 있으면서 "믿어요"라고 말했다. 그것은 희망의 또 다른 이름이라는 생각이 들었고, 고통스럽지만 내가 그들과 함께 있을 수 있어 참으로 감사하고 행복했다.

그곳에는 정말 다양한 병을 앓고 있는 아이들이 많았다. 태어날 때부터 아파서 병원 밖 세상을 한 번도 본 적이 없었다는 아이, 에이즈로 죽어가던 작은 소녀, 자동차 사고로 부모를 잃고 식물인간 상태에 빠진 두 자매 등 가슴 아픈 사연을 지닌 아이들이 고통받고 있었다.

나는 많은 사람을 치유하신 예수님처럼 이 아이들을 고쳐주진 못하겠지만, 그 사랑만은 나눌 수 있다고 생각한다. 그리고 그 아이들이 이 병원에 있는 동안 변함없이 사랑의 마음을 담아 기도할 것이다.

나는 병원 문 밖으로 나오기까지 즐거운 산타의 역할에 충실했지만, 집으로 돌아오는 차 안에서는 내내 눈물을 흘렸다.

사랑의 교훈
A Lesson in Love

스코티시라이트 어린이병원에서의 일을 계기로 나는 다른 병원도 방문하기 시작했다.

그 다음 병원을 방문할 때 나는 기증받은 박제 동물들을 내 빨간 자루에 가득 담아 갔다.

데이브와의 동행이었고, 우리는 병원에 도착하자마자 어린이 병동으로 갔다. 구경꾼들은 그들이 보고 있는 광경을 믿을 수 없어하는 듯했다. 그 지역에는 진짜 수염을 기른 산타들이 드문 모양이었다. 병원 직원들도 비슷한 반응을 보였고, 우리가 어린이 병동에 도착하자 간호사들 사이에서 잠시나마 소동이 일기도 했다.

　　우리는 별 문제 없이 병동을 돌았
다. 나는 아이 한명 한명을 방문할
때마다 자루 속에서 내 손에 닿
는 대로 장난감을 꺼내주었다.
신기하게도 그 아이에게 딱
어울릴 만한 것들이 골라져
나왔다. 나는 최선을 다
해 아이들과 사랑을 나
눴다.

　　얼마 뒤 두 살 정도 된 작은
여자아이를 만났다. 그 아이는
선천적으로 안면에 결함이 있었는
데, 내가 방문했을 때 침대 밑 마룻바
닥에서 담요를 펴고 놀고 있었다. 간호사의 말에 의하면,
그 아이의 엄마는 출산하기 위해 입원을 할 때 병원 서류에
가명으로 서명하고는 아이가 태어나자 아무도 몰래 사라졌
다고 했다. 그리고 다시는 돌아오지 않았다고 한다. 그 아
이는 그야말로 온 생을 병원에서만 보내고 있었다.

그 아이는 병원 직원들에게 이름을 받았고, 길러졌다. 직원들은 돌아가면서 아이와 놀아주고, 요람에서 흔들어 재워주었다. 그 아이는 평범하고 행복한 두 살 난 천사였다. 직원들은 아이를 입양시킬 만한 가정을 찾으려고 노력했지만, 얼마 후 포기해버렸다. 내가 그 아이의 양육비는 누가 대느냐고 묻자, 그들은 기록하는 것을 중단했다고 했다. 그들은 그저 그 아이를 돌보고 있을 뿐이라고 대답했다.

나는 병원 직원들을 보며 더 이상 사랑에 대해 말해줄 필요가 없다는 걸 깨달았다. 그들은 이미 사랑에 관한 모든 것을 알고 있었다.

질문과 대답
Questions and Answers

⭐ 아이들은 내게 백만 개의 질문을 한다. 다행히도 그중 대부분은 산타와 클로스 부인, 꼬마요정, 루돌프, 장난감 가게 그리고 그 외의 산타의 생활에 대한 것들이다. 내가 스스로 만들어낸 일관된 이야기를 하는 한, 그런 질문들은 아주 쉽다. 어려운 질문들은, 아이들이 산타라면 알고 있을 거라고 생각하는 자신들에 관한 것들이다.

어느 날 애니와 나는 교회 친구들과 레스토랑에서 저녁을 먹고 있었다. 우리는 활기차게 이야기를 나누고 있었다. 나는 몸을 앞으로 기울이고 테이블 위에 팔을 올려놓은 채 있었는데, 갑자기 누군가가 내 오른쪽 다리를 부드럽게 두

드리는 것을 느꼈다.

　그 누군가가 애니가 아니라는 것을 나는
바로 알 수 있었다. 그녀는 내 왼쪽에 앉아 있었기
때문이다. 그렇다고 내 오른쪽에 앉아 있는 친구 어니도 아
니었다. 그가 내 주의를 끌고 싶었다면 나의 어깨나 팔을
철썩 쳤을 테니까 말이다(뿐만 아니라 그의 두 손은 다 내 시
야에 있었다). 나는 오른쪽으로 고개를 돌려보았고 거기엔
팔짱을 낀 작은 천사가 있었다.

　갈색 머리에 갈색 눈을 가진 그 작은 천사는 내 영혼 깊
은 곳까지 보는 듯한 눈빛으로 나를 보고 있었다. 나는 그
아이가 체구는 좀 작았지만 3세 정도라는 것을 알 수 있었
다. 그 아이는 어딘지 모르게 외모보다 훨씬 성숙해 보이는
어떤 특별함을 지니고 있었다.

　"안녕, 예쁜 아가." 나는 아이에게 몸을 기울이며 말했
다. "잘 지냈니?"

　아이는 내 질문은 완벽히 무시해버리곤 명령적이고 도전
적인 말투로 이렇게 물었다.

　"당신의 루돌프는 어디에 있어요?"

나는 레스토랑 안을 둘러보며 이 예쁜 인형이 어디서 왔는지 찾아보면서 동시에 그 질문에 대한 나의 평범한 대답을 시작했다(예전에도 여러 번 들어본 질문이므로 그다지 당혹스럽지 않았다). 아이들을 대할 때 내가 지키는 원칙 중의 하나는 가까이서 지켜보는 부모가 없으면 절대 아이들에게 손을 대지 않는 것이었다. 그런데 그 아이의 보호자로 여겨지는 사람이 하나도 보이지 않았기에 아이를 안아주거나 쓰다듬어주거나 하지 않고 그저 몸을 앞으로 내민 채 얘기를 계속했다.

"음, 예쁜 아가야, 루돌프는 북극에 있단다. 조지아에서 8월을 보내는 건 루돌프에겐 너무 덥거든."

아이는 고개를 크게 한 번 끄덕였다. "알았니?" 내가 웃음 띤 얼굴로 다시 물었다. 아이는 팔짱을 풀면서 다시 한 번 고개를 끄덕였다. 그리고 그 작은 얼굴 위로 풀잎에 맺힌 이슬처럼 맑게 빛나는 미소가 떠올랐다. 아이는 따지듯 질문을 할 때와는 180도 달라진 태도로 레스토랑의 한구석으로 뛰어갔다. 아이를 좇던 내 시선 안으로 그늘진 곳에 서 있는 아이의 아빠가 들어왔다. 그는 거기에 선 채 계속

방어적인 태도로 나와 딸을 쳐다보고 있었던 것이다. 나는 그에게 오라고 손짓을 했지만, 그는 그의 자랑이자 기쁨을 쳐다보느라 내 신호를 보지 못했다. 아이는 그의 팔에 안겼고, 그는 환하게 웃으며 아내가 있는 자리로 돌아갔다.

더 어려운 질문은 다른 장소에서 받았다. 나는 여섯 살 난 소년이 받고 싶은 선물을 하나씩 말하는 것을 듣고 있었다. 선물들은 그다지 특이할 것이 없는 것들이었고, 나는 고개를 끄덕이며 소년을 따라 그 선물의 이름들을 말해주며 소년이 말을 마칠 때까지 기다렸다.

그리고 소년이 선물 목록을 다 말했을 때, 그것이 전부냐고 물었다. 소년은 그렇다고 대답했고 난 소년을 내 무릎에서 내려놓았다. 한두 걸음 걸어가던 소년은 다시 돌아서더니 손가락을 흔들며 물었다. "좋아요, 만약 당신이 진짜 산타라면, 내가 뭘 원했는지 말해보세요."

끔찍하고 끔찍한 순간이었다. 악몽이 실현된 것이다. 나는 진땀을 흘리며, 줄에 서 있던 소년의 친구 셋이 그 악몽의 엔딩 장면을 주의깊게 기다리고 있는 것을 보았다.

내가 초등학생이었을 때 뭔가 외우라고 요구받았을 때

쓰던 트릭 중의 하나는 선생님께 제일 마지막에 해도 되냐고 요청하는 것이었다. 그런 다음, 다른 아이들이 떠듬떠듬 암송하는 것을 들으면서 계속 속으로 외웠다. 그리고 남은 친구가 둘 정도일 때 냉정을 찾고선 발표를 했다. 나는 적절한 악센트와 연극적인 어조로 완벽한 발표를 했는데, 이것이 선생님이 항상 내가 마지막에 하는 것을 허락한 이유였다. 난 다른 아이들에게 어떻게 발표해야 하는지를 보여줄 수 있었던 것이다! 하지만 만약 선생님이 내가 제일 먼저 발표하도록 했다면, 난 아마 늘 창피를 당했을 것이다.

그런데 갑자기 내가 한 번도 외우려고 노력해본 적 없는 것을 암송해보라는 요청을 받고 있는 것이다. 난 당혹감을 드러내지 않으려고 여전히 미소를 띤 채 소년의 이름을 부르고 말했다. "그래, 넌 날 골탕 먹이려 하고 있구나, 응? (방법은 다르지만, 초등학생 때처럼 생각할 시간을 벌려고 한 것이다) 산타를 가지고 놀려고 하는 건 착한 행동이 아니야. 알고 있지, 그렇지 않니?"

소년이 고개를 끄덕였다(시간이 더 지났다). 소년은 내게서 15미터가량 떨어진 곳에 서 있었는데, 나는 가까이 오라고 손짓했다. 소년은 천천히 다가왔고 나는 손을 뻗어 소년이 내 무릎 사이에 서도록 아주 천천히 이끌었다(시간이 더 지났다). 그리고 소년의 눈을 마주 보며 역시 천천히 소년의 선물 목록을 얘기했다. 나 자신도 소년이 놀란 것만큼 놀랐다. '오, 신이여, 감사합니다!' 나는 조용히 생각했다.

소년이 깊이 숨을 들이쉬더니 손을 휘저으며 높은 목소리로 외치며 친구들에게 달려갔다. "그가 해냈어! 그가 해냈다구! 정말로 그야! 진짜 신타야!"

내가 받은 가장 어려운 질문 중 하나와 맞닥뜨린 또 다른 장소는 바로 하이포인트 상점이었다.

그 상점엔 사람들이 많지 않았기 때문에 아이들과 시간을 좀더 많이 보낼 수 있었다. 나는 그런 상황을 정말 좋아하지만, 가끔은 길게 늘어선 '줄의 압박'을 받았으면 하고 바랐다.

그 특별한 날에는 특히 사람들이 적었기에 애니는 산타의 자리에 나와 나란히 앉아 있었다(나는 산타 의자를 우리 둘 다 앉을 수 있도록 직접 만들었다). 우리가 얘기를 나누며 저녁을 계획하고 있는데, 그때 세 명의 소년이 엄마와 함께 가게 안으로 들어왔다. 나는 그들이 내 무릎 위에 앉는 게 아니라 그냥 의자 주변에 둘러서서 사진 찍기를 원하는 것이라고 알아차렸다. 그래서 애니에게 그냥 나와 함께 앉아 있으라고 손짓했다.

그들이 우리에게 다가왔을 때, 갑자기 제일 어린 아이가 멈춰서더니 팔을 펼쳐서 다른 아이들도 멈추게 하고는 도전적으로 말을 꺼냈다. "좋아요, 난 당신이 내 이름을 말했으면 좋겠어요. 당신이 진짜로 산타라면, 내 이름을 알 거예요. 자, 뭐죠? 내 이름이? 어서 내 이름을 말해보세요."

사실 이런 질문은 처음이 아니었다. 다른 경우에는 아이의 주의를 다른 데로 돌려서 아예 질문에 답하지 않거나 혹은 부모나 다른 이들로부터 살짝 대답을 들을 수가 있었다. 어린아이일수록 그건 정말 쉬웠다.

나는 일부러 놀랐다는 표정으로 되물었다. "오, 맙소사. 네 이름을 잊어버렸니?"

그 작은 꼬마는 망설이지도 않고 즉시 대답을 돌려주었다. "아뇨, 그렇지 않아요!"

최대한 자상한 목소리로 나는 말했다. "그래? 그럼 말해보렴."

대부분의 경우 아이들
은 자동적으로 이름을 얘기하곤
한다. 레이철, 잭, 에이미 등등. 그러면
나는 잘 알고 있었다는 듯한 표정으로 말하는
것이다. "그거야! 잊지 않았구나, 그렇지?"

하지만 이번엔 사정이 달랐다. 아이는 신념을 지키
려는 투사처럼 입을 꼭 다물고 나를 보았다. 정말로 재난
에 빠진 느낌이었다. 어떻게든 아이의 주의를 돌려야 했다.

"넌 산타가 아이들이 그렇게 빨리 자라는데도 불구하고
그들 모두를 늘 기억하고 만날 수 있다는 것을 믿지 않는구
나. 사실 아이들은 일 년 사이에 굉장히 많이 변하지. 그래
서 사람들은 가끔 서로를 못 알아보지. 너도 일 년에 한두
번밖에 보지 않는 친구들은 알아보지 못할 거 같은데, 맞
지?"

아이는 고개를 저으며 말했다. "딴소리는 먹히지 않아
요. 어서 내 이름을 말해요!"

이번에는 달래기 작전을 시도해보자고 생각했다. "이리

오렴, 아가, 내게 뭘 원하는지 알려주렴. 다른 아이들이 곧 올 거야. 우리끼리 이렇게 하루 종일 놀이를 하고 있을 수는 없단다."

아이는 여전히 고개를 저었다. "소용없어요. 내 이름을 말해요!" 아이는 점점 강경해졌고 그럴수록 난 점점 공황 상태에 빠졌다. 나는 간절한 마음으로 그의 엄마와 형제들을 보았다. 하지만 아무런 실마리를 얻어낼 수 없었다. 이번에는 내 도우미를 바라봤다. 가끔 그들은 이런 아이들을 알고 있기도 했다. 하지만 그들은 손님들 때문에 모두 바빴기 때문에 그들에게서도 아무런 힌트를 받을 수가 없었다.

내가 그를 똑바로 바라보고 있는데 애니가 말하는 소리가 들렸다. "이제 그만, 대니. 놀이는 끝났단다. 다른 아이들이 오고 있어."

소년의 입은 딱 벌어지고 눈은 커졌다. 그의 도전적이고 건방진 자세와 태도는 자신의 이름을 듣는 순간 순식간에 사라졌다. 내가 할 수 있는 거라곤 소년과 거의 같은 반응을 보이는 내 자신을 겨우겨우 억제하는 것뿐이었다. 대체 애니가 어떻게 소년의 이름을 알고 있단 말인가? 난 믿을 수가 없었다.

하지만 빨리 수습하고 본연의 내 역할로 돌아와야 했다. 난 천천히 소년의 이름을 부르며 말했다. "이제 준비됐니, 대니? 크리스마스에 무얼 원하는지 말이다."

소년은 고개를 끄덕이면서도 여전히 어리벙벙한 표정으로 다가왔다. 마치 전쟁에서 패한 군인 같아 보였다. 소년은 내 무릎에 앉아서 받고 싶은 선물 목록을 말한 다음 내 무릎에서 내려갔다. 그리고 한 발자국 앞으로 나서다가 다시 돌아서 진지하고 심각한 얼굴로 내게 물었다. "어떻게 안 거예요?"

나는 하마터면 "내가 알겠니, 이 녀석아. 산타할머니에게 물어봐라"라든가 "나도 못 믿겠다!"라고 대답할 뻔했다. 하지만 가까스로 억제하고는 마치 다 알고 있다는 듯, 여유 있는 웃음을 지은 채 이마를 톡톡 건드리며 이렇게 말했다. "산타는 모든 걸 다 알지!"

대니는 떠났다. 걸어가면서 하도 머리를 내젓는 바람에 소년의 온몸이 다 흔들릴 지경이었다.

안타깝게도 다른 아이들이 줄을 서 있었기에 애니에게

대체 어떻게 알았는지 물어보기까지 한 시간가량 걸렸다.

"쉬운 일이었죠." 그녀가 말했다. "난 의자에서 일어나서 스크린 뒤로 돌아 엄마에게로 다가가 그의 이름이 뭔지 물어봤어요."

난 믿을 수가 없었다. "잠깐만." 내가 말했다. "당신이 일어나서 엄마에게 물어봤다고요?"

"물론이죠."

"좋아요, 그런데 어떻게 나와 대니가 알아채지 못하게 할 수 있었던 거죠?"

"쉬워요." 나의 현명한 사랑이 말했다. "당신과 대니는 서로에게만 집중하고 있었기 때문에 난 둘 다 눈치채지 못할 거라고 생각했어요. 그리고……." 그녀가 내게 살짝 키스한 뒤 말했다. "내가 확실히 옳았죠. 난 당신이 아이의 주의를 돌리기 위해 노력할 줄 알았거든요, 그렇지 않았나요?"

애니가 장난기 있는 웃음을 흘렸다. 거기엔 많은 의미가 담겨 있었다. 이번엔 아무도 눈치채지 못할 것이라 믿었던 나만의 게임에서 내가 졌다는 것을 의미했다. 나는 그녀의 아름다운 코밑에 키스를 되돌려주었다!

그래, 난 해냈어!

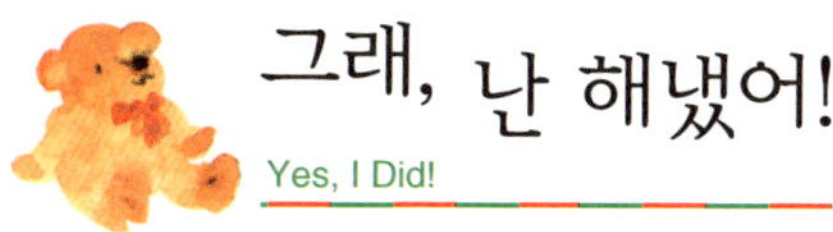

⭐ 애니가 가장 좋아하는 영화는 〈34번가의 기적〉이다. 난 그것을 가장 좋아하진 않았지만 늘 손꼽히는 영화이긴 했다. 영화에서 메이시 백화점의 산타는 모든 미국인들의 영웅이 되었고 사람들은 그를 산타라고 믿었다.

나는 애틀랜타 시내의 피치트리 거리에 있는 메이시 백화점에서 산타를 할 수 있길 진심으로 바랐다. 영화의 무대였던 뉴욕 34번가는 아니었지만 '기적'에 가까워진다고 믿었기 때문이다. 그리고 1993년, 나는 기회를 얻었다. 계속 스톤마운틴 파크에서 일을 하면서도 메이시 백화점에서 일할 것을 요청받았다.

메이시에는 아름답고 화려하게 조각된 산타 의자가 놓여 있는 매우 멋진 산타 세트가 있었다. 그 의자의 유일한 문제점은 시트가 5센티미터 두께의 스폰지 쿠션으로 씌워진 딱딱한 합판이었다는 것이었다. 나는 이 의자로는 도저히 시즌을 버틸 수 없을 거라는 걸 잘 알고 있었다. 그래서 그곳에서 산타로 지낸 첫째 날 밤에 나는 그걸 집으로 들고 가서 합판을 조금 잘라내고 대신 천으로 채워넣었다. 그리고 5센티미터의 스폰지를 10센티미터짜리로 바꾸었고, 커버를 도로 씌우고 고정시켰다. 상점 측은 차이점을 알아채지 못했지만, 나는 한결 편안해졌다.

메이시에서 산타 일을 하는 것은 이제껏 해온 다른 장소와는 확실히 달랐다. 그곳에선 시내 본사 사원들이 정기적으로 상점 내를 돌아다녔다. 그리고 몇 명은 날이 지나면서 나를 알아보기 시작했다.

메이시에서 제일 좋았던 것 중 하나는 내가 아이 하나하나에게 충분한 시간을 기울이는 것을 사람들이 방해하지 않는다는 점이었다. 만약 아이들이 두려워하면, 난 시간이 걸리더라도 부모가 아이들이 산타와 어떻게 만나고 싶은

지, 함께 알아내게 함으로써 아이들이 하고 싶은 방법으로 내게 다가올 수 있도록 했다. 부모가 시간을 들이고, 내게 일상적인 산타의 일을 좀더 천천히 진행하게 했을 때 도망가는 아이들은 거의 없었다.

어른들과 함께 이야기하는 것도 또한 매우 재미있는 일이었다. 어느 날 오후 매우 기품 있고 근엄하게 생긴 신사 세 명이 우리가 있는 크리스마스 숍에 왔다. 그때 내 무릎 위엔 아이가 없었는데, 난 그들을 향해 마음을 담아 손을 흔들며 인사를 했다.

그러자 그중 하나가 갑자기 멈춰서더니 말했다. "어, 당신이군요! 난 1927년에 받고 싶다고 말했는데 받지 못한 자전거에 관해 이야기하고 싶어요."

나는 깊이 생각하는 표정으로 수염을 쓰다듬으며 중얼거렸다. "1927년…… 1927년이라……." 그러고는 그를 가리키며 소리쳤다. "아, 그래, 난 기억한단다. 그래, 너였구나! 난 그해 선물을 다 가져다주고 마지막으로 남은 자전거를 결국 주지 못한 채 돌아왔었지. 사실 그것을 어디로 가져가야 하는지 잊어버리고 말았단다. 난 아직도 그걸 가지고 있어. 이번 해에 가져다주길 원하니?"

그는 씩 웃으며 말했다. "아뇨, 그것으로 인해 정말로 신나 할 어떤 작은 소년에게 가져다주세요."

"좋아, 꼭 가져다주마. 날 곤경에서 벗어나게 해주어 고맙다."

그와 그 친구들은 웃고, 떠들고, 마치 아이로 돌아간 듯 서로의 등을 치기도 하면서 자리를 떠났다.

슬프게도, 메이시에서 보내는 산타 시즌은 내게 있어 한 번뿐이었다. 뉴욕의 몇몇 근시안적인 바보들이 애틀랜타의 상점에 더 이상 풀타임 산타가 필요 없다고 결정한 것이다. 거기엔 더 많은 특별 이벤트들이 있었지만, 애틀랜타 메이시 백화점의 산타는 이번이 마지막이었다. 한 시대의 끝을 매듭짓는 사람이 왜 나여야만 하는가! 정말 가슴 아팠다!

하지만 그 시즌 동안 몇몇 멋진 만남들이 있었고, 나는 기적은 메이시나 은막에서, 혹은 34번가에서만 일어나는 게 아니라는 것을 배웠다. 기적은 내가 산타의 태도를 잃지 않는 한 어디서든 일어났다.

특별한 소녀
One Special Little Lady

⭐ 메이시 백화점에서 산타를 보기 위해 기다리는 줄에 서 있는 그 아이를 봤을 때, 난 내 가족이 세 명으로 늘어나려 한다는 것을 몰랐다. 그 아이는 두 살 정도 되어 보이는 매우 작은 여자아이였는데 내 무릎 위에 올라오기 전까진 다른 수천 명의 아이들과 그리 다르게 보이지 않았다.

그 아이 또래들은 대부분 내 팔 안에 안길 때 굉장히 겁을 먹는데, 그 아이는 그렇지 않았다. 자기 차례가 되자 아이는 내게 똑바로 다가오더니 팔을 활짝 펼치곤 내가 자기를 올려 무릎 위에 안을 수 있도록 했다. 그리고 앉자마자 수다쟁이가 되었다.

난 그 아이에게 질문할 필요가 없었다. 아이는 알아서 대답했다. 그 아이는 자신의 이름이 로라 위더스라고 얘기했고, 사진을 찍느라 바쁜 엄마와 지미 카터 대통령을 위해 일하는 아빠에 대해 이야기했다. 아이가 내게 자신이 크리스마스에 원하는 것이 무엇인지 듣고 싶으냐고 물었을 때야 나는 간신히 그렇다고 한마디 대답할 수 있었다. 아이는 받고 싶은 선물 목록을 말하기 시작했고, 거기엔 아이의 나이에 비해 굉장히 성숙한 물건들도 포함되어 있었다.

나는 아이의 엄마가 열심히 찍고 있는 카메라의 플래시를 받으며 생각했다. '꼭 저 사진들 중 몇 개를 받고 싶군.' 로라가 매우 활기차게 대화를 이어갔기 때문에 사진이 굉장히 멋질 것이었다.

쉴 새 없이 얘기하던 로라가 말했다. "좋아요, 산타할아버지, 이게 제가 말하고 싶은 전부예요. 그리고 곧 다시 봐요, 알았죠?"

"그래, 로라야." 나는 로라를 바닥에 내려주면서 말했다.

"착한 아이가 되어야 한다, 알았니?"

"걱정 마세요. 그럴 거니까요." 로라가 출구로 걸어나가며 새침하게 말했다.

곧 로라의 엄마가 내게 다가와 로라가 뭐라고 말했는지 물었다. 내가 로라가 한 말들을 전해주자, 로라 엄마는 소리 내어 웃었다. 나는 혹시 사진 몇 장을 받을 수 있겠냐고 물었다. 그녀가 가까이 와서야 알아챘지만 그녀는 프로들이 쓰는 카메라를 사용하고 있었다. 난 그녀에게 FODA의 명함을 주었고 그녀는 사진을 현상하는 대로 보내주겠다고 약속했다.

크리스마스 몇 주 후에, 나는 로라의 사진을 메일로 받았다. 나는 로라 엄마인 비키에게 감사하다는 말과 함께 내 사무실로 로라를 데리고 놀러오라는 내용의 답장을 보냈다.

몇 달이 흘렀을 때, 비키가 전화해서 혹시 내가 로라의 세 번째 생일파티에 와줄 수 있느냐고 물었다. 나는 흔쾌히 승낙했다. 그 다음해에는 비키가 로라를 FODA에 데려와 몇 번의 즐거운 만남을 가졌다. 그때 비키는 내게 그녀의 남편과 로라와 함께 아프리카로 갈 예정이라고 했다. 그녀의 남편은 중앙아프리카 국가들의 수천 명의 사람들에게 피해를 입히고 있는 기생충 기니벌레의 해악을 뿌리 뽑기 위한 노력을 기울이는 카터 센터로 간다고 했다. 그들이 1993년에 내게 작별 인사를 하러 왔을 때 나는 왠지 그들이 너무 걱정되었다.

비키는 아프리카에 있는 겨울 동안 매우 긴 편지를 보내왔고, 1995년에 내 사무실로 걸어 들어왔다. 그것은 정말이지 깜짝 선물이었고, 로라는 네 살 때와 다름없이 매력적이었다. 로라는 어떻게 자기 아빠가 "혼자서 기니벌레를 다 없애고 수천 명의 사람들의 목숨을 구했는지"에 대해 자세히 이야기했다. 이 작은 숙녀의 영웅이 누군지는 의심할 여지가 없었다. 그리고 실제로 그랬다! 로라의 아빠는 경탄할 만한 노력을 기울여 인류에 이바지했다.

비키는 그들이 한 달 내로 아프리카로 돌아가야 한다고 말했고, 그래서 다시 한 번 작별 인사를 하러 왔다고 말했다. 깜짝 선물의 기쁨이 순식간에 이별이 주는 슬픔으로 변해버렸다. 나는 안녕이란 말이 늘 싫었다.

그들이 떠난 후, 내전과 문화의 차이, 그리고 쾌활한 어린 숙녀가 이 모든 걸 어떻게 잘 버텨내고 있는지에 관한 내용으로 가득 찬 편지가 왔다. 그리고 1996년 여름에 비키가 전화를 해서 한번 방문해도 괜찮겠냐고 물으며, 두 개의 깜짝 놀랄 일이 있다고 했다. 나는 지난 여름에 그녀가 가져다주었던 두 개의 아프리카 전통 바구니를 떠올렸다.

문을 열고 돌진해오면서부터 자신이 겪었던 모험에 대해 얘기를 하는 로라로 인해 그들의 등장이 실감나기 시작했다. 잠시 후 비키가 문을 열고 들어왔을 때, 깜짝 선물 중의 하나는 스스로 모습을 드러내고 있었다. 그녀는 태어난 지 얼마 안 되는 아기를 안고 있었다. 어찌나 놀라웠던지.

하지만 난 로라가 이 새로운 사람이 자신의 영역 안으로 들어온 것에 대해 어떻게 느낄지 걱정이 되었다. 그래서 로라에게 아기에 대해 어떻게 생각하는지 물어봤을 때 로라는 말했다. "음, 아직 결정하지 않았어요. 아직 여러 가지 방향으로 생각해보고 있는 중이죠." 이 아이는 이제 다섯 살인데, 말하는 것은 서른 살 같았다! 그런데 로라는 그 문제에 대해 그리 오래 생각하지 않았다. 그들이 우리를 찾아온 지 2주 후 비키는 내게 전화해 로라가 아기와 매우 즐겁게 지낸다고 알려주었다.

그날의 두 번째 깜짝 선물은(이것이 내게 가장 좋은 소식이었다), 그녀의 남편이 아프리카에서의 의무를 이제 다 마치고 그들이 집으로 돌아온다는 것이었다.

내 무릎 위에 앉았던 수천 명의 아이들 중 그 누구도, 물론 내 아이들을 제외하고, 이 작은 여행자 로라 위더스 양만큼 내 삶의 일부를 차지한 아이가 없었다. 나는 그 어린 숙녀가 멋지게 자라나는 것을 볼 수 있기를 고대한다. 그리고 또 로라의 동생 아기 메건이 어린 숙녀로 잘 자라나기를 기도한다.

못된 엄마
The Mean Mama

⭐ 이미 내가 알려주었듯이 산타가 되는 것은 쉽지가 않다. 그리고 산타의 일 중 가장 어려운 부분은 아이러니하게 아이들을 상대하는 것이 아니라 까다롭고 완고한 부모를 다루는 것이다. 그리고 그중 일부는 아예 상대하기가 불가능한 사람들이다.

우선, 대부분의 부모들은 멋진 사람들이라는 것을 말하고 넘어가겠다. 그들은 나와 자녀들, 그리고 줄을 선 다른 사람들에게 친절하고 사려 깊다. 하지만 때때로 나는 무릎 위에다 엎어놓고 볼기짝을 때려주고 싶은 부모들을 만나곤 했다. 적어도 내가 그들 중 가장 성질 나쁜 엄마를 만나기

전까진 그게 내 생각이었다. 그 엄마는 도대체 내가 어떻게
해야 할지조차 모를 만큼 고약했다.

그날 메이시 백화점의 줄은 유난히 길었다. 유치원에서
단체로 산타를 만나기 위해 백화점을 방문했기 때문이었
다. 이날 스무 명의 아이들이 두 개의 밴에 나눠 타고 왔다.
아이들은 부모가 함께 있지 않을 때 대부분의 아이들이 그
러는 것처럼 예의 바르게 행동했다. 아이 하나하나와 사진
을 찍은 다음 그룹 사진을 찍느라 시간이 좀 걸렸다.

처음에 난 분홍색 옷을 입은 여인이 그 그룹과 함께 온
것이라고 생각했다. 그녀가 데리고 있던 소녀는 여덟 살 정
도로 유치원생이라기엔 나이가 많아 보였기 때문에 다른
아이들 중 하나가 분명 그 소녀와 형제일 것이고, 이 외출
에 함께 나온 거라 생각했다.

내가 유치원 아이들을 상대하고 있을 때, 그 분홍색 옷을
입은 엄마와 딸 사이에 뭔가 다툼이 일어나고 있다는 걸 알
아차렸다. 시간이 흐를수록 그들의 말과 행동은 점점 불쾌
하고 노골적이 되어갔다.

마침내 그들의 차례였다. 소녀는 아무 문제없이 내게 바로

걸어왔지만 전혀 행복해 보이지 않았다. 아이가 내 무릎에 앉자 아이의 엄마가 카메라를 꺼내들었다. 그녀는 파인더를 통해 우리를 보면서 말했다. "지금 웃어라, 캐런" 그러고는 카메라를 내리고서 으르렁거리듯 말했다. "웃으라고 했어, 캐런!"

난 고개를 숙여 캐런의 얼굴을 보았는데, 금방이라도 막 울음을 터뜨릴 것 같아 보였다.

"캐런, 날 보고 웃으라고 말했잖아!" 엄마가 소리쳤다. 그러더니 갑자기 우리에게로 달려와 아이의 뺨을 찰싹 치고는 거칠게 내 무릎에서 끌어내리려고 했다.

"허어!" 나는 큰 소리로 외치고는 아이를 붙잡으려 했지만 놓쳐버렸고, 아이는 내 발치에 벌렁 나자빠졌다. 엄마는 넘어져 있는 아이를 향해 몸을 숙이더니 뒷머리를 손바닥으로 마구 때렸다. 그리고 아이의 팔을 움켜쥐고는 질질 끌면서 산타 세트에서 크리스마스 세일 코너 쪽으로 나갔다. 아이는 목청이 찢어져라 비명을 지르기 시작했다. 난 아이를 비난하지 않았다. 아이는 당연히 비명을 지를 이유가 있었다. 나도 소릴 지르고 싶었는데, 문제는 내가 소릴 지를 수 있는지, 누구에게 질러야 하는지 도무지 알 수가 없다는 것이었다.

가장 큰 문제는 내가 무얼 해야 하느냐는 것이었다. 메이시 백화점에는 보안요원들이 있었지만, 그들은 도둑질에만 신경을 썼다. 난 그들이 이 상황을 다룰 수 있을지 없을지도 알 수가 없었다. 그때 몇몇 오래된 메이시의 직원들이 그 광경을 보고 있는 것이 눈에 띄었고, 혹시 그들은 이 상황을 어떻게 해야 할지 알고 있을지도 모른다고 생각했다. 아니, 그것은 나의 바람이었다. 나는 또 그런 생각을 하면서 한편으로는 그 엄마가 얼른 밖으로 나가버릴 거라고 생각했다.

그런데 그녀는 떠나지 않았다! 그녀는 캐런을 몇 번 더 때리고는 아래위로 잡아끌며 계속해서 말했다. "그래, 넌 할 거야!"

그리고 캐런도 계속 소리쳤다. "아뇨, 난 그렇게 안 할 거예요! 나한테 강요할 순 없어요! 날 그냥 놔둬요! 놓으란 말예요!"

그건 정말 추한 광경이었다. 백화점의 다른 코너에 있던 사람들이 대체 무슨 일이 벌어지고 있는지 보러 오고 있었다. 난 매우 불편해지기 시작했다. 이런 야단법석이 벌어지는 가운데서 즐거운 산타할아버지가 되는 건 정말이지 힘들었다.

몇몇 부모와 어른들이 내게 와서는 그 소동에 관해 말했다. 아무도 직접적으로 "어떻게 좀 해보세요"라고 말하지 않았지만, 난 그들의 의도를 알아차릴 수 있었다. 하지만 여전히 내가 뭘 해야 할지, 뭘 할 수 있는지 알 수 없었다. 그때 마침 젊은 매장 관리자 중의 하나가 다가왔고 난 그에게 소동이 일어나는 곳을 가리켜 보였다. 그런데 그는 단지 손을 흔들고 보이고는 도로 사무실로 사라져버렸다.

20분 정도의 소란 끝에 여인은 마침내 자신이 하려던 것을(그녀가 뭘 하려고 애썼는지는 모르지만) 포기했다. 그리고 캐런을 잡아끌어서 에스컬레이터를 탔다. 나는 그들이 3층에서 1층으로 내려갈 때까지 서로에게 소리치는 것을 들을 수 있었다.

난 그 사이에 끼어들지 않았다. 아무것도 하지 않았다. 전혀 아무것도. 심지어 몇 년이 흐른 지금도 내가 과연 그때 무엇을 할 수 있었을지 잘 모르겠다.

뭐 좋은 생각이 있는가?

Believing

믿음

Dear Santa,
How many Elves do
you have? I belive in
you! You are the
nicest man # in
the world.
        P.S.
        U R 2 nice 2 B 4
        got 10! —B 4

Do you know
how many toys
or houses you got
top.
        Sincerely

산타할아버지께

할아버지는 얼마나 많은 요정 친구들과 함께 살고 있나요?

나는 산타할아버지가 진짜로 계신다는 걸 믿어요.

할아버지는 세상에서 제일 멋진 분이세요!

사랑을 담아, 카산드라

추신: 혹시 이제껏 어린이들에게 나눠준 장난감 수나 방
문한 집 수가 얼마나 되는지 알고 있나요?

마음을 담아, 캐스

궁금한 것이 있나요?
산타가 답해줄 거예요
You' ve Got Questions? Santa' s Got Answers!

⭐ 산타에게 쇄도하는 질문들 중 대답하기 곤란한 것들은 대부분의 사람들이 예상하는 것과는 달리 겨울이 아닌 여름 즈음에 날아온다. 그리고 그때는 애니와 내가 가장 좋아하는 스톤마운틴 파크의 노동절 행사가 열리고 있을 때일 경우가 많다. 스톤마운틴 파크에서는 매년 노동절 행사를 개최하는데, 이 행사는 미국 남부의 가장 큰 예술 및 공예 전시회로 정평이 나 있다. 우리는 매년 이 행사에 참여해왔다.

공원 숲 사이로 꼬불꼬불 나 있는 넓은 보도를 따라 400명이 넘는 예술가와 공인들이 부스를 설치해놓는다. 애니와 나는 이 길을 걸어 다니면서 많은 사람들과 만나 함께 어울린다. 그리고 이 멋진 순례에서 만나게 되는 재미있는 현상은, 우리 둘 다 아이들의 엉뚱한 질문에 대답하느라 내내 정신이 없다는 것이다. 예를 들면 이런 것이다.

"여기서 뭐 하시는 거죠?"

"음, 나는 세계 어느 곳에라도 다 있을 수 있단다. 그리고 이곳은 내가 전 세계에서 가장 좋아하는 곳이란다."

완벽한 진실은 아니겠지만, 그렇다고 해서 거짓도 아니다.

"지금 어디에서 오신 거죠?"

"황새가 날 데려다 줬단다."

이건 진실이 아니지만, 어쨌든 재치 있는 대답이다.

"루돌프는 어디에 있어요?"

이것은 언제 어디서건 항상 듣는 질문이다. 나는 대개 루돌프는 북극에 있다고 말한다. 이곳 애틀랜타의 여름은 루돌프에게는 너무 덥다면서 말이다.

뭐, 이건 진실이지 않은가?

그러고는 이내 궁지에 몰린다.

"할아버지는 정말 산타 맞나요?"

이런 질문은 항상 나를 난처하게 만든다. 이 질문에 긍정해야 할지, 부정해야 할지…….

그래서 정치가나 할 법한 이런 대답을 해보았다.

"내가 산타클로스처럼 보이니?"

"잘 모르겠어요."

"그래? 음, 만약 네가 착한 아이라면 내가 산타인지 아닌지는 문제 될 것 없단다. 그렇지 않니? 네가 만약 착한 아이라면, 산타가 널 보고 있다는 게 아무 문제가 되지 않을걸?"

"그거야…… 그렇죠."

"이게 바로 네가 항상 착한 아이여
야 하는 이유란다. 알았니?"

하지만 나는 거기서 멈추고 싶지 않았
다. 나는 아이들을 위해서 아이들이 믿어야
하는 것들에 대해 알려주고 싶었다. 그래서 나
는 내가 믿는 바를 얘기했다.

"자, 말해보렴. 네가 항상 착하게 행동하는지 아닌지 항
상 보고 계신 분이 누구지?"

"산타클로스요!"

"아니, 산타는 제외하고 말이다."

"하느님이요!"

"그래 바로 그거야. 하느님은 항상 너를 보고 계신단다.
단지 네가 착하게 행동하는지 안 하는지 보기 위해서만이
아니라, 너를 아끼고 보살피기 위해 항상 너를 지켜보고 계
시지."

물론 이런 이야기는 아이들로 하여금 더 많은 질문을 하
게 만든다.

"할아버지는 어떻게 해서 하느님이 계신 곳으로 가죠?"

대답하기 힘든 질문이다. 하지만 나는 이런 상황을 사랑한다. 이런 순간들은 아이들에게 내 믿음을 나눠줄 수 있는 기회이기 때문이다. 나는 아이들에게 종종 이렇게 말한다.

"넌 마법은 오직 크리스마스에만 일어난다고 생각하지 않니?"

"네."

"그래, 맞아. 마법은 오직 크리스마스에만 이루어진단다. 그런데 크리스마스가 딱 하루뿐이라고 생각하니? 그렇지 않아. 너는 마음속으로 매일 너만의 크리스마스를 맞이할 수 있어. 왜 그런지 아니? 그건 바로 마법이 곧 사랑이기 때문이란다. 사랑이 크리스마스를 불러오는 거야. 그래서 매일매일이 크리스마스일 수 있는 거지.

크리스마스는 하느님께서 우리를 얼마나 사랑하시는지 보여주시려고 세상에 보내신 예수님의 생일이잖아. 그리고 예수님은 생명을 다 바쳐 우리를 얼마나 사랑하는지 증명하셨단다. 그래서 우리는 영원한 생명을 얻게 된 거야. 그게 바로 크리스마스가 지닌 참된 의미란다. 예수님의 사랑, 아이들을 향한 부모님의 사랑, 부모님을 향한 아이들의 사

랑이 넘치는 그 마법의 밤에 아이들의 꿈이 이루어지는 것
이지. 루돌프가 하늘을 날고, 산타가 하룻밤에 전 세계 모
든 아이들에게 선물을 가져다주는 것은 모두 하느님이 우
리를 사랑하시기 때문에 가능한 마법 같은 일이란다!”

산타와 함께하는 아침 식사
Breakfast Is on Me

나는 이제부터 '대혼란'이라는 단어가 뜻하는 진정한 의미에 대해 묘사하겠다.

메이시 백화점의 전통 중에는 산타와 함께 아침을 먹는 이벤트가 있다. 수년간 엄마들은 산타와 아침 식사를 하기 위해 크리스마스 의상을 멋지게 차려입고서 아이들을 데리고 메이시 백화점으로 몰려들었다.

메이시 백화점의 특별 이벤트 담당자가 내게 산타와의 아침 식사에 참가해달라고 요청했을 때, 나는 아이들과 함께 밥을 먹고, 그들을 내 무릎에 앉혀놓고선 크리스마스 선물로 무엇을 원하는지 물어보는 상상을 하였다(도대체 나는 왜 항상 앞으로 일어날 일들에 대해 잘못된 상상을 하게 되는 걸까?).

이벤트 첫날 아침, 메이시 백화점에 도착해서 특별 이벤트 담당자에게 전체적인 순서에 대해 물어보았다.

"우선 아이들이 2층에 있는 레스토랑에 모두 모일 겁니다. 아침 식사를 마친 후에는 털북숭이 동물과 어릿광대, 그리고 이야기를 들려주는 여인과 함께 노는 프로그램이 예정돼 있어요. 당신은 그 여인이 이야기를 마쳤을 때 무대 아래로 내려가면 됩니다."

그 말로는 내가 해야 할 일이 어떤 것인지 정확히 알 수 없었다. 그래서 담당자에게 다시 물었다. "내가 무슨 일을 하면 되는 거죠?"

"무대 아래로 내려가서 테이블 사이를 돌아다니면 돼요. 그러면서 아이들과 사진도 찍으면서 평소에 하시던 대로 프로그램을 이끌어가주세요."

듣고 보니 쉬워 보이는 일이었다. 나는 가벼운 마음으로 아이들이 몇 명이나 모이는지 물어보았다.

"현재 아이와 어른을 합쳐 217명의 예약을 받아놓은 상태입니다.”

아니 이런, 그 좁은 방에 이백 명하고도 열일곱 명이 들어간단 말인가!

내가 어떻게 생각하든 운명의 시간은 다가왔다. 무대 뒤에서 대기하고 있는데, 요정 하나가 내게 다가와 이제 나갈 시간이라고 말했다. 나는 요정과 함께 217명이 기다리는 좁은 방으로 들어갔다.

바로 그 순간, ‘대혼란’이라는 단어를 꺼내지 않고는 설명될 수 없는 현상이 벌어졌다.

그곳에 있던 어른들과 아이들은 나를 만나기 위해 한 시간 정도를 기다렸는데 요정, 어릿광대, 동물들, 그리고 이야기를 들려주는 여인의 활약으로 분위기가 점점 상승되어 산타와의 만남에 대한 기대는 부풀 대로 부풀려지고 있었다.

그때 때맞춰 산타가 붉고 하얀 옷을 입고 눈앞에 나타난 것이다.

날카로운 비명소리와 고함소리에 귀청이 찢어질 지경이었다. 아이들은 내게 달려오거나 혹은 달아났다. 그들은 심지어 의자와 테이블 위로도 쿵쿵 뛰어다녔고, 어떤 아이들

은 테이블 밑으로 숨었으며, 몇몇은 그들의 엄마 뒤로 숨어
버렸다.

나는 무대에서 가장 가까운 테이블로 가서 어느 작은 소
녀 옆에 섰다. 소녀의 엄마는 카메라를 들고 사진을 찍기
위해 뒷걸음질 하다가 힐의 뾰족한 굽으로 다른 엄마의 발
을 밟아버렸다. 그러자 더 큰 비명이 터져 나왔다. 하지만
소녀의 엄마는 기어이 사진을 찍으며 만족해했다. 나는 계
속해서 테이블을 옮겨 다녔고, 내 주변에서는 카메라 플래
시가 끊이지 않고 터졌다

테이블 사이를 걸어 다니는 동안, 나는 그곳에 모인 수많
은 사람들이 아침 식사 메뉴로 나온 프렌치토스트를 그리
많이 먹지 않았다는 사실을 알게 됐다. 대부분의 테이블 위
에는 우유가 엎질러져 있었고, 뭉개진 프렌치토스트가 나
뒹굴고 있었다. 그 짓뭉개진 음식들 위로 내 코트가 끌리지
않도록 애썼지만 별 소용이 없었다.

이 엄청난 혼란 속에서 나는 내 코트를 움켜쥐거나 다리
를 끌어안는 작은 손들을 조심하려는 노력을 포기하고 무
질서한 환호에 고스란히 파묻혀버렸다. 그리고 부모들이

아이들의 사진을 마음껏 찍을 수 있도록 아이들 곁에 오래 머물러 있었다.

방 뒤쪽은 그나마 무대 앞쪽보다는 한산했다. 나는 남은 테이블로 가기 위해 코너를 돌아서 걸어갔다. 그렇게 정신없는 가운데 내 일은 끝이 났다. 요정에게 이제 끝이냐고 묻자, 그녀 역시 한숨을 내쉬며 그렇다고 대답했다. 그리고 우리가 방 한가운데로 돌아왔을 때, 나는 내 눈을 믿을 수가 없었다. 몇몇을 제외한 모든 사람들이 다 가버린 것이다. 마치 썰물처럼. 등골이 오싹해질

만큼의 허탈감이 내 주위에 내려앉았다.

미키마우스 시계를 보니 내가 문을 열고 방 안으로 들어온 지 딱 55분이 지나 있었다. 그 짧은 시간이 마치 일평생처럼 길게 느껴지기도 했고, 단 몇 분처럼 짧게 느껴지기도 했다. 내가 55분 만에 백 명이 넘는 아이들 사이를 지나쳤다니. 이런 것도 세계 기록이 있을까?

집으로 돌아가기 위해 차에 타 산타 옷을 보았더니, 그날

식사 메뉴로 나온 우유와 시럽의 절반이 모두 내 옷에 묻은
건 아닌가 싶을 정도로 엉망진창이 돼 있었다. 코트 아래쪽
에 달린 털은 테이블 위의 우유를 쓸고 다닌 덕에 흠뻑 젖
어 있었다.

그 이후로도 매년 아침 식사 이벤트는 여러 번 열렸다.
그 대혼란 속에 자주 뛰어든 탓일까? 나는 어느새 그 이벤
트가 좋아졌다. 아무리 난장판 속이라도 어쨌든 사랑을 받
는다는 것은 행복한 일이지 않은가? 나의 팬들이 내 허리
에도 닿지 않을 만큼 작은 꼬마 천사들이기에 더더욱.

한번은 그 이벤트를 조금 색다르게 진행해봤다. 무대 위
에 산타 의자를 가져다놓고 그 위에 앉아서 아이들을 무릎
에 앉히고 사진을 찍는 것이었다. 그래서 평소보다 시간이
더 많이 걸렸다. 문제는 그 이벤트를 마치고 11시 40분까
지 35킬로미터나 떨어진 또 다른 아침 식사 이벤트에 참여
해야 한다는 점이었다.

사실 처음부터 상황이 안 좋았다. 아침 식사 행사가 계획
보다 늦게 시작된 데다 행사 담당자들은 내가 애들에게 나
가기 직전에야 바뀐 진행사항을 알려왔다. 게다가 메이시

백화점의 주차장을 빠져나갈 때는 차가 너무 많이 막혀 있었다. 나는 점점 공황상태에 빠지기 시작했다.

하지만 약속 시간을 지키기 위해 최선을 다했다. 그들이 내가 자신들을 잊었다고 생각하는 건 결단코 원치 않았기 때문이다. 주차비를 내면서 시계를 보자, 시간은 벌써 11시를 가리키고 있었다. 아무리 서두른다 해도 늦을 수밖에 없는 상황이었다. 당시 내게는 휴대 전화도 없었으므로 그들에게 내 상황을 알릴 수도 없었다.

얼마 후 교통체증이 좀 풀리자 나는 자동차의 속력을 내기 시작했다. 그러다가 내 차가 다른 차들 사이로 날아가고 있다는 것을 깨닫고 속도계를 보았다. 맙소사, 내가 시속 128킬로미터로 달리고 있는 것이 아닌가. 속도를 좀 줄여야 했다. 이제껏 그렇게 빨리 달린 적이 없었다.

북쪽으로 나 있는 도로에 진입했을 때, 옆을 꽉꽉 채우던 차들이 드문드문해졌다. 그래서 난 다시 속도를 내기 시작했다. 가끔 경찰이 특정 장소에서 과속 단속을 한다는 것을 잘 알고 있었기에 여러 차선을 왔다 갔다 했다. 덕분에 다른 차들 속에 잘 섞여 과속 단속에 걸리지 않았다. 약속을 지키기 위해선 어쩔 수 없었다.

잘하면 시간에 맞출 수도 있겠다는 생각에 속도를 더 올릴 때였다. 바로 그때 경찰이 나타났다. 속도계를 힐끗 보니 아까와 같은 시속 128킬로미터였다. 경찰차가 내 차를 따라왔지만 나는 속도를 늦추지 않았다. 경찰차가 바로 내 뒤에 올 때까지 기다렸다가 그제야 가볍게 속도를 늦췄다. 나는 6차선을 가로질러 갓길에 차를 멈춰 세웠다. 이렇게 열심히 달렸는데도 목적지까진 1킬로미터 정도가 남아 있었다.

나는 붉은 소매와 소매 끝에 둘러진 하얀 털이 잘 보이도록 두 손을 핸들 위에 올려놓고, 경찰이 천천히 차에서 나오는 것을 백미러를 통해 지켜보았다. 그는 조심스럽게 모자를 쓰곤 즐거운 표정으로 내 차를 향해 느릿느릿 걸어왔다.

"어서 오게 친구!" 난 혼자서 이렇게 중얼거렸다. 범퍼 가까이 다가온 그는 잠깐 멈춰 서서 내 차를 유심히 관찰했다. 그러고는 열린 창문으로 멀리서 나를 들여다보았다. 그는 잠시 머뭇거리다가 큰 소리로 웃으며 독특한 남부 사투리로 말했다.

“와, 한 건 해냈는걸! 내가 산타클로스를 잡았어!”

그러고는 창문 가까이 다가와서 나를 들여다보았다. 내 수염과 전체적인 외양을 살피면서 그는 천천히 선글라스를 들어 올렸다. 그리고 내 차 창턱에 팔을 올리고 웃으며 말했다.

“산타클로스!”

그의 입김이 너무 가까이 느껴져 내 턱수염을 노랗게 물들일 지경이었다.

나는 끝까지 산타 역을 고수하기로 마음먹었다. 어차피 이렇게 된 것, 더 이상 잃을 것도 없다고 생각했기 때문이다. 나는 단호하게 말했다.

“좋소. 다 설명할게요. 바로 저기 있는 호텔에서 이백 명의 아이들이 나를 기다리고 있어요. 그런데 난 벌써 늦었소. 시내에서 다른 이백 명의 아이들을 보고 오느라 생각보다 시간이 오래 걸렸거든요. 난 빨리 저기에 가야 해요. 그러니 될 수 있는 대로 빨리 딱지를 떼시오. 그래야 아이들을 더 이상 기다리지 않게 할 수 있거든요!”

그런 다음 난 그에게 운전면허증을 내밀었다. 경찰은 짓

굳게 웃으며 말했다.

"흐음, 산타. 내가 어떻게 할지 보시죠."

난 그가 서둘러 차로 돌아가는 것을 백미러로 보고 있었다. 어쩔 수 없이 100달러 정도의 벌금을 물게 되려니 싶었다.

그가 창문 곁으로 갑자기 다가올 때까지 나는 시선을 아래로 떨어뜨리고 애꿎은 무릎만 만지작거리고 있었다.

"좋아요, 산타. 도저히 어린이들이 당신을 기다리게 놔둘 수가 없네요. 그래서 경고하는 것으로만 끝내겠어요. 그냥 저에게 사인 한 장만 해주시고 어서 가보세요."

나는 경찰이 들고 있는 수첩을 와락 붙잡고는 냉큼 사인을 하고 내 면허증을 얼른 돌려받았다. 그리고 이렇게 말했다.

"이제 내가 어떻게 하룻밤 사이에 그 많은 장난감들을 착한 아이들에게 다 가져다주는지 알았지요? 하지만 이건 다른 사람에겐 비밀입니다."

전속력으로 다시 차를 내달리며 백미러로 뒤를 보았다. 그는 무릎을 치며 즐겁게 웃고 있었다.

경찰차로 돌아가는 그의 뒷모습을 보며 나는 내가 얼마

나 행복한 산타인지를 다시 한 번 깨달았다. 나는 곧 호텔에 모인 수백 명의 아이들과 즐거운 크리스마스 행사를 즐길 것이다. 그 누구도 나만큼 행복하진 않을 것 같았다. 산타 옷에는 마법의 힘이 있는 것일까? 사람들은 내가 산타 옷을 입었을 때 나를 더 많이 사랑해준다.

엘리베이터

Elevators

⭐ 엘리베이터의 밀폐감은 사람들 사이에 어색함을 주기도 하지만 종종 웃음을 유발하기도 한다. 거기에는 우리가 알 수 없는 무언가가 작용하고 있는 것이 틀림없다.

나는 산타가 엘리베이터를 탔을 때 벌어지는 몇몇 재미있는 일들을 발견했다.

사람들은 나를 볼 때 무엇을 입고 있느냐로 판단하는 것 같진 않았다. 양복을 입고 있을 때나 청바지를 입고 있을 때나 나를 특징짓는 건 깎지 않은 수염이었다. 내가 수염을 기른 이후로는 엘리베이터 안에서 늘 누군가가 웃기 시작했고, 다른 사람들 또한 기다렸다는 듯 연이어 웃기 시작해 엘리베이터 안이 웃음바다가 되곤 했다.

한번은 내가 애니가 입원해 있는 병원을 방문했을 때였다. 1층에서 엘리베이터를 탄 나는 순간적으로 다시 내릴 뻔했다. 거기에는 난폭하게 생긴 청년 네 명이 타고 있었는데, 그들이 나를 위아래로 훑어보는 것이 아닌가. 마치 평가라도 하듯이.

나는 그들의 얼굴을 가만히 쳐다보다가 문을 향해 뒤로 돌아섰다. 그러자 왼쪽 어깨 너머에서 히죽히죽 웃는 소리가 들렸다. 나는 다시 돌아서서 제일 덩치가 큰 청년에게 웃으며 말했다.

"좀 물러나주렴. 네가 내 자리를 빼앗고 있단다."

나는 계속 돌아선 채 그들에게 물었다.

"지금껏 착한 소년으로 지냈니?"

그러자 그들은 놀랍게도 모두 고개를 끄덕였다. 나는 내 재킷 주머니에서 막대사탕 네 개를 꺼내 그들에게 하나씩 나누어주고는 "잘했어"라고 말했다.

곧 문이 열리고 나는 엘리베이터에서 내려 돌아서며 그들을 향해 손가락을 흔들었다.

"여기서 날 봤다는 소리는 아무한테도 하지 마라. 알았지?"

그리고 문이 닫혀 엘리베이터가 올라가기 시작했을 때, 나는 그들이 깔깔대며 웃어대는 소리를 들었다.

그 일이 있은 지 얼마 지나지 않아 나는 애틀랜타의 한 기금행사에 초청받았다. 회색 양복을 차려입은 나는 사람들로 붐비는 엘리베이터에 타고 문 쪽을 바라보고 있었다. 엘리베이터 안에는 나를 포함해 열두 명의 사람들이 있었는데도 불구하고 너무나 고요했다.

엘리베이터 안의 사람들은 모두 변호사 혹은 회계사처럼 보였다. 그때 뒤에서 누군가가 속삭이는 소리가 들렸다.

"산타클로스인가 봐."

나는 뒤를 돌아보지 않은 채 굵직한 목소리로 말했다.

"맞아요. 내가 산타클로스요."

순간 몰래 웃는 소리와 함께 "머리 뒤에도 눈이 달렸나 봐"라고 속삭이는 소리가 들렸다.

나는 이번에도 여전히 뒤돌아보지 않은 채 말했다.

"그 말도 맞소. 난 머리 뒤에도 눈이 달렸다오!"

그 말에 숨죽여 웃던 소리가 깔깔거림으로 바뀌었다. 그리고 엘리베이터 안의 공기는 웃음소리로 따뜻해졌다. 나는 엘리베이터에서 내리면서 그들에게 손을 흔들며 말했다. 진짜 산타클로스처럼 말이다. "메리 크리스마스! 모두들 즐거운 성탄 되시길!"

산타와 여행을

⭐ 대부분의 사람들이 여행에서 가장 재미있는 것으로 여행지에서의 경험을 꼽겠지만, 애니와 나는 여행 도중 내 산타 옷 때문에 재미있는 일을 많이 겪었다.

어느 여행지에서 집으로 돌아오는 길이었다.

펜실베이니아 번호판을 단 자동차 한 대가 우리 곁을 빠르게 지나가더니, 잠시 후 깜빡이를 켜고 속도를 늦추면서 천천히 우리 쪽으로 후진해오는 게 아닌가. 그래서 나 역시 깜빡이를 켜고 속도를 늦췄다. 그런데도 그 자동차는 여전히 우리를 향해 접근해왔다. 결국 우리 차 바로 옆으로 다가와 자동차 창문을 내리길래 나도 내 차의 창문을 내렸다.

그 차 안에는 아름다운 두 여학생이 있었는데, 나는 대체 저 소녀들이 우리에게 원하는 게 뭘까 궁금해졌다. 그때 그 소녀들이 우리 쪽을 향해 카메라를 들었다. 나는 순간적으로 카메라를 보고 크게 미소 지으며 손을 흔들었다. 곧이어 플래시가 터졌고, 그 소녀들은 손을 흔들어 인사한 뒤 순식간에 시야에서 사라졌다. 이로써 애니와 나는 또 다른 행복한 기억을 목록에 추가하게 되었다.

산타 옷으로 인한 또 다른 재미있는 추억은 어느 해 여름 디케이터에서 드라이브를 하면서 생겨났다. 애니와 나는 세 명의 소년이 우리의 앞차 뒷좌석에서 매우 소란스럽게 장난치는 것을 보았다. 아이들은 서로 주먹질하고, 고함치고, 좌석에서 마구 굴러다녔다. 아이들의 엄마는 운전석 핸들에 바짝 붙어 있어서 뒷머리가 겨우 보일까 말까 했다.

애니는 곤란에 빠진 아이들의 엄마에게 도움을 줘야 한다며, 다음 신호에서 앞 차 옆에 차를 대라고 말했다. 나는 애니의 말대로 그들 곁에 차를 멈춰 섰다. 애니가 옆 차 뒷좌석의 한 소년의 주의를 끈 뒤 손가락으로 나를 가리켜 보였다. 나는 그 아이가 나를 좀더 잘 볼 수 있도록 몸을 최대한 앞으로 기울였고, 나를 본 아이는 장난스럽게 웃는 것을 멈췄다.

아이는 뭐라고 소리치더니 허겁지겁 좌석에 얌전히 앉았다. 나는 집게손가락을 입술 앞에다 대며 '쉿!' 하는 신호를 보냈다. 아이들은 일제히 뒷좌석에 나란히 앉았다. 이어 나는 양손으로 안전벨트를 매는 시늉을 해 보였고, 아이들은 좌석 벨트를 열심히 찾기 시작했다. 나는 다시 한 번 집게손가락을 입술 앞에다 대고 '쉿!' 하며 과장된 행동을 취해 아이들의 엄마까지도 나를 보게 되었다. 아이들의 엄마는 두 손으로 나팔 모양을 만들어 입에 대고는 큰 입모양으로 이렇게 말했다. "고맙습니다. 산타. 정말 고마워요."

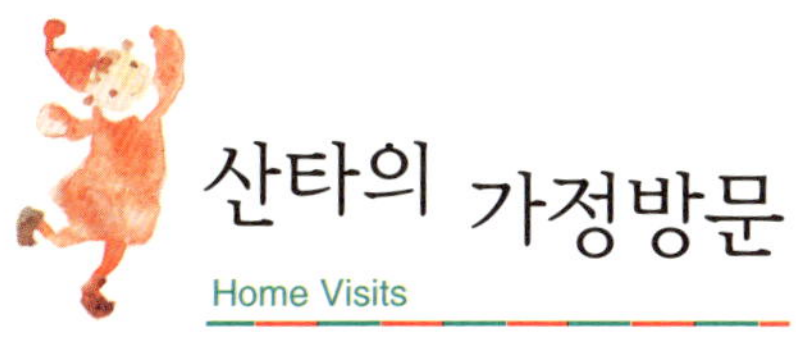

산타의 가정방문
Home Visits

⭐ 그녀는 일생에 남을 추억을 갖고 싶었다. 그래서 산타가 자기 집에 방문하는 모습을 캠코더로 녹화하려는 계획을 세웠다. 그녀는 오직 산타만을 원했다. 그것도 진짜 산타 같은 산타를! 그녀는 산타를 섭외하기 위해 곳곳을 돌아다니다가 스톤마운틴 파크에서 나를 보게 되었고, 공원의 홍보 사무실까지 나를 따라와 자신의 집에 방문해줄 것을 요청했다.

그녀에겐 일곱 살 된 아들과 네 살짜리 딸이 있었다. 그녀는 올해를 끝으로 그녀의 아들이 더 이상 산타를 믿지 않을 것이라고 확신했다. 그래서 그녀는 미래에 다가올 모든 크리스마스를 위해 아이들이 산타와 만나는 기적을 카메라에 담아 보존하고 싶었던 것이다.

크리스마스이브는 내 가족들에게도 굉장히 중요한 시간이다. 보통 애니와 나는 마운트카멜 교회에서 열리는 크리스마스이브 예배에 참석한 다음 집으로 돌아가 우리만의 크리스마스를 만끽한다. 그리고 그 다음날엔 애니의 할머니 댁을 방문해 여러 해에 걸쳐 이어져 내려온 가족과 함께하는 전통적인 크리스마스를 즐긴다. 때문에 도저히 크리스마스 기간 동안 시간을 쪼개 그녀의 집을 방문할 여유가 없을 것 같았다.

하지만 난 아이들에게 약한 사람이었다. 그래서 이른 저녁 잠깐 동안이라면 그녀의 집에 들를 수 있다고 승낙했다. 그녀는 우리가 산타 방문에 대해 논의하고 계획을 세우자 뛸듯이 기뻐했다.

그녀의 집을 방문하기로 약속한 크리스마스이브 날, 나는 그녀의 집을 방문하기 바로 직전에 시간을 다시 확인했다. 정확히 6시였다. 나는 그녀가 준비해놓은 선물을 내 빨간 자루에 담기 위해 발끝으로 조용조용히 걸어 집 안으로 들어갔다. 과연 그녀가 일러준 바로 그 장소에 베갯잇에 넣어져 있는 장난감이 있었다. 나는 그 선물들을 내 빨간 자루에 담고는 다시 현관 밖으로 나갔다.

그러고는 잠시 후 마치 그 집을 처음 방문한 산타의 모습으로 현관문을 조심스럽게 열고 집 안으로 들어섰다. 아이들의 아빠는 캠코더를 들고 현관 마루 끝에 서 있었는데, 그가 촬영 준비를 아직 못 한 듯 보였기에 나는 현관문을 열고 나갔다가 다시 들어오는 수고를 반복했다. 이윽고 카메라에 빨간 불이 들어왔고, 그렇게 녹화는 시작됐다.

집 안의 구조는 그녀가 묘사한 그대로였다. 현관에서부터 이어지는 복도가 부엌 뒤쪽으로 길게 연결돼 있었다. 내 오른쪽에는 만찬용 홀이 있었는데, 크리스마스 분위기는 나지 않았다. 홀에서 3미터쯤 떨어진 곳에는 거실로 통하는 아치형 문이 있었다. 엄마와 아이들은 거실에서 소파에 함께 둘러앉아 「누가복음」에 나오는 크리스마스 이야기를 읽고 있었다.

나는 카메라를 의식해 극적으로 홀을 지나 거실 문 앞까

지 살금살금 걸어갔고, 문 앞에서 잠깐 멈춰 섰다. 그러고
는 천천히 고개를 빠끔히 내밀어 거실 안을 들여다보았다.
나는 소년이 고개를 들어 나를 볼 때까지 기다렸고, 드디어
아이와 눈이 마주쳤다. 아이가 나를 보자마자 얼른 몸을 뒤
로 숨겼다. 나도 얼른 문 옆으로 비켜섰다.

"엄마, 엄마!"

나는 흥분한 아이의 목소리를 조용히 듣고 있었다.

"나 방금 산타를 봤어요!"

"어디서?" 아이 엄마가 천연덕스럽게 물었다.

"바로 저기요, 문 앞에서요." 소년이 대답했다.

"아냐, 바비, 네가 산타가 너무 보고 싶은 마음에 상상을 했던 걸 거야. 산타는 네가 잠들 때까지 오지 않는단다."

엄마는 아이에게 이렇게 말하면서, 한편으론 내게 아들의 이름을 다시 한 번 상기시켜줬다.

나는 잠시 기다렸다가 다시 문 안쪽을 들여다보았고, 이번엔 그녀의 아들이 나를 정면으로 보았다.

"저기 있어요!" 아이는 나를 손가락으로 가리키며 소리쳤다.

나 역시 손가락으로 아이를 가리키며 거실 안으로 들어갔다.

"흠, 네가 날 발견했구나, 바비."

나는 그들을 향해 걸어가며 말했다.

"네가 잠들었을 때 선물을 놓고 갈까 해서 왔단다. 그런

데 아직 깨어 있으니 다음에 다시 와야겠구나. 근데, 지금
뭘 읽고 있지?"

아이 엄마가 일어나면서 말했다.

"성경에 나오는 크리스마스 이야기를 읽고 있었어요, 산
타."

"오, 훌륭해요." 난 그녀에게 다가가며 말했다.

"제가 그중 하나를 읽어드려도 될까요? 제가 좋아하는
이야기랍니다."

그녀는 미리 약속된 순서대로 내게 성경책을 넘겨주고는
카메라를 가져오기 위해 거실을 가로질러 나갔다. 나는 아
이들 사이에 앉아 아이들의 엄마가 다시 나타날 때까지 성
경을 읽기 시작했다. 그리고 성경 읽기를 마친 후 시계를
보았다.

"오, 이런, 난 이제 가봐야 한단다. 아이들에게 선물 주
는 일을 마저 끝내야 하거든. 바비, 이제 왜 산타가 크리스
마스 선물을 갖고 오기 전에 잠들어야 하는지 알았겠지?
깨어 있으면 선물을 두고 갈 수가 없잖니. 그러니 다음엔
꼭 잠들어 있어야 한다."

그렇게 말하고는 자루에서 선물을 꺼내 바비와 여동생에게 건네주었다. 나는 선 채로 아이들에게 몸을 굽혀 말했다.

"자, 약속하렴. 착한 아이가 되겠다고 말이다. 바비, 착한 아이가 되겠니?"

바비는 고개를 끄덕였다.

나는 바비의 여동생에게도 물었다.

"너도 착한 아이가 될 거지, 그렇지?"

하지만 여동생은 이미 새로운 장난감에 푹 빠져 내 질문엔 관심도 없었다. 그래서 난 문으로 향했다. 나는 아빠가 다른 문을 통해 거실 안을 비디오로 찍고 있는 것을 보았고, 그가 카메라를 든 채 천천히 현관 복도 쪽으로 뒷걸음질하는 것도 감지하고 있었다. 나는 현관에 도착해 문을 열고는 돌아서서 카메라를 향해 외쳤다.

"모두 메리 크리스마스!"

그러고는 밖으로 나와 문을 닫았다.

크리스마스 다음날, 나는 아이들의 엄마에게 전화를 걸어 과연 일이 잘 진행된 것인지를 물었다. 그녀는 이렇게 말했다.

"덕분에 우리 아이들은 오랜 세월이 흐른 뒤에도 산타를 믿을 거예요. 산타가 진짜라는 걸 증명할 수 있는 비디오테이프도 갖고 있잖아요. 그 비디오테이프는 우리의 가장 소중한 재산이랍니다. 벌써 복사해놨고, 원본 테이프는 금고에 넣어뒀어요. 고마워요. 정말 고맙습니다."

그로부터 몇 년 후, 나는 또 한 가정에게서 방문 요청을 받았다. 이번에 부탁해온 사람은 유명한 스포츠 해설가로, 여기서는 그를 샘이라고 부르겠다. 샘에겐 스테이시라는 여덟 살 난 딸이 있었는데, 그 아이는 또래 친구들의 말처럼 산타는 절대로 없다고 생각한다고 했다. 때문에 나는 스테이시에게 산타와의 멋진 추억을 만들어주어야 했다.

샘은 매우 철저하게 준비했다. 그는 내 사무실에 직접 들러 그의 집 내부 배치도를 그려주었고, 공들여 세운 계획을 함께 연습했다. 또 그의 집까지 쉽게 찾아올 수 있도록 약도도 그려주었다. 그는 또 산타가 자기 집을 방문하는 극적인 순간을 긴박하고 실감나게 연출하기 위해 그의 아내에게조차 이 계획을 비밀에 붙였다고 말했다.

나는 샘의 집을 쉽게 찾았고, 간이차고에서 장난감으로 가득 찬 쓰레기 종량제 봉투를 발견했다. 그러고는 그 장난 감들을 내 빨간 자루에 옮겨 담았다. 그런 다음 집 뒤쪽으 로 난 커다란 목재 발코니를 가로질러 일광욕실로 나 있는 유리문 앞에 섰다. 일광욕실 반대편에 있는 거실에 샘의 가 족이 모여 있는 게 보였다.

타닥타닥 타오르던 벽난로 옆에 그의 아내가 앉아 있었 다. 그때 스테이시가 내가 들어왔던 유리문 쪽으로 살짝 고 개를 돌리는 듯했다. 나는 그들이 진작에 날 보지 못했다는 사실이 놀라웠다. 그래서 잠시 멈춰 서서 숨을 고르며 계획 을 다시 정리해보았다.

그때 샘의 아내가 음식 장만을 위해 소파에서 일어나 내 가 있는 곳의 반대쪽인 부엌으로 갔다. 스테이시도 폴짝 뛰 어 엄마를 따라 나갔다. 샘은 내게 등을 보인 채 벽난로에 불을 때기 위해 자리에서 일어났다. 나는 그 사이를 틈타 얼른 문을 열고 들어가 샘의 가족을 기다리며 서 있었다.

잠시 후 스테이시가 부엌에서 거실로 돌아왔다. 스테이 시는 두어 발자국쯤 걸어오다가 나를 발견하고는 소릴 질렀다.

"산타다!"

스테이시는 펄쩍펄쩍 뛰며 뒤로 돌다가 벽난로 쪽으로 넘어질 뻔했다. 스테이시의 엄마는 행주를 든 채 거실로 돌진해 들어왔다. 그녀 역시 나를 보더니 스테이시와 마찬가지로 입을 딱 벌리고 서 있었다.

"하하하, 스테이시, 잘 지냈니?"

나는 흥분한 스테이시를 진정시키기 위해 꼭 껴안아준 뒤 소파로 발걸음을 옮기며 말을 이었다.

"와, 이곳은 무지 덥구나. 코트를 벗어도 괜찮겠니?"

내 말에 세 가족은 거의 동시에 고개를 끄덕였다. 그래서 나는 코트의 벨트를 풀고, 지퍼를 내리고, 코트를 벗었다. 나는 코트에 어울리는 주름 잡힌 블라우스와 레이스가 달린 18세기 풍의 타이, 그리고 붉은 벨벳 조끼를 입고 있었다. 나는 의자의 팔걸이에 코트와 벨트, 모자를 조심스럽게 걸쳐놓았다.

스테이시와 나는 그녀의 사촌들과 사촌들의 애완동물, 그리고 그들이 사는 곳을 비롯해 샘이 준 목록에서 외운 몇

몇 사실들에 대해 마치 어른들처럼 진지하게 대화를 나누
었다.

아이는 내게 루돌프가 어떻게 날 수 있냐고 물었고, 나는
예수님이 탄생하신 크리스마스의 밤은 일 년 중 가장 신비
로운 밤이어서 마법이 이루어진다고 대답했다. 아이는 이
해한다는 듯 고개를 끄덕였다. 나는 하느님이 우리를 너무
나 사랑하시기 때문에 우리의 죄를 사해주시기 위해 그의
아들을 세상에 보낸 것이라는 말도 덧붙였다. 또 세상에서
가장 위대한 힘은 사랑이라고 말해주었다.

"하느님과 예수님의 사랑, 부모와 자식 간의 사랑은 세
상에서 가장 강한 힘이란다."

스테이시는 내 말을 곰곰히 듣더니 고개를 끄덕였다. 그
런 다음 내게 크리스마스에 받고 싶은 선물을 몇 가지 얘기
했다. 그와 동시에 뒤에서 듣고 있던 샘이 어떤 선물에선
고개를 끄덕이고 어떤 선물에선 고개를 내저었다. 난 그 신
호의 뜻을 금세 알아차렸다.

"흐음, 스테이시. 너는 모든 사람들이 크리스마스에 받
고 싶은 선물을 모두 받진 못한다는 것을 알게 될 거야. 하

지만 이 선물 자루 속에 뭐가 들었는지 한번 보자꾸나.”

내가 선물을 꺼내기 시작하자, 아이 엄마가 내 코트를 들여다보며 말했다.

“코트의 선도 그렇고 모든 것이…….” 그녀가 들고 있던 음식을 천천히 내려놓으며 말했다.

“멋져요. 정말 멋져요.”

나는 미소 지으며 말했다. “고맙습니다. 제 요정들은 옷 만드는 솜씨가 매우 좋거든요.”

“정말 요정들이 만든 것처럼 보이는군요.” 그녀는 감격에 겨워 고개를 설레설레 저으며 말했다. 나는 자루를 뒤져 선물을 꺼내 스테이시에게 건넸다.

“자, 받으렴. 나는 이제 다른 아이들에게 선물을 주기 위해 곧 떠나야 한단다. 넌 앞으로 점점 더 자라겠지? 그래서 앞으로는 네 크리스마스 선물을 부모님께 맡기려고 한단다. 나는 오늘 너희 집에 사랑이 넘치는 걸 보았고, 부모님께서 널 아주 잘 돌보고 계시다는 것도 알았단다. 내겐 돌봐줘야 할 너보다 더 어린아이들이 많으니, 앞으로 네 선물은 네 아빠, 엄마께 맡겨두마.”

그렇게 말한 뒤 나는 이제 그만 가봐야겠다며 코트를 집어들었다. 스테이시의 관심은 온통 선물에만 쏠려 있었지만, 그녀의 엄마는 달랐다. 그녀는 내게 다가와 숨죽여 소곤소곤 물었다.

"대체 당신은 누구세요? 어디서 오신 거죠? 누가 당신을 보냈나요?"

나는 슬쩍 거실 안을 둘러본 뒤 샘이 우리를 찍고 있는 카메라를 보지 않은 채 몸을 앞으로 숙여 속삭였다.

"산타클로스예요. 북극에서 왔답니다."

"여긴 어떻게 오셨죠? 누가 보낸 거예요?"

그녀는 목소리를 조금 높여 집요하게 물었다.

난 벨트를 맨 뒤 다시 몸을 앞으로 기울여 더욱 나지막하게 속삭였다.

"왜 제 말을 믿지 않으십니까? 오늘 밤은 일 년 중 가장 신비롭고 놀라운 밤인데 말이죠! 긴장을 풀고 오늘 일어나고 있는 이 마법을 즐기세요. 오직 사랑의 마음으로 말이죠."

그러고는 돌아서서 문을 열고 밖으로 나왔다. 쏜살같이

밴으로 달려가 시계를 보니 다행히 교회에 갈 시간에 늦지는 않았다. 하지만 나는 내가 진짜 산타가 아니라는 것을 증명이라도 하듯 동네에서 길을 잃고 그곳을 빠져나오기 위해 무진 애를 써야 했다. 샘의 집 근처를 두 번도 넘게 돌고 나서야 겨우 도로에 진입할 수 있었다.

나는 집에 도착해 애니를 태우고 서둘러 교회로 갔다. 예배 시간 끝에 산타가 등장하기로 돼 있었기 때문이었다. 모든 일정을 끝내고 집으로 돌아왔을 때, 난 완전히 녹초가 되어 우리만의 크리스마스는 훗날 보내기로 결정했다. 그러자 애니는 내가 다른 이들의 행복만을 위하다가 우리 둘만의 크리스마스는 망쳐버린 것에 대해 크게 실망했고, 결국 나와 함께 신년맞이 세일에 들어간 메이시 백화점에서 온종일 쇼핑을 한 후에야 기분이 풀렸다.

크리스마스가 지난 일주일 뒤, 샘으로부터 전화가 왔다. 결국 아내에게 우리 사이의 작전에 관해 말했다고 했다. 그리고 그 사실을 밝히기 직전에 크리스마스 파티에 참석한 사람들에게 그날 찍은 비디오를 보여주었다고 했다. 그로써 모든 이들은 산타를 믿게 됐을지도 모른다.

사람들로부터 산타를 믿는다는 말을 들을 때면 물론 기쁘지만, 나는 좀더 깊고 큰 믿음을 바란다. 크리스마스가 모든 이들의 가슴속에 찾아들길 바라며, 매일매일을 크리스마스처럼 맞이할 수 있는 믿음이 생겨나길 바란다. 그리고 모든 이들이 하느님의 선물에 다가갈 수 있길 바란다. 선물을 주는 사람으로서, 또 받는 사람으로서 하느님의 진실을 보았기 때문이다. 그 진실은 바로 하느님의 사랑에는 마법이 깃들어 있다는 것이다. 하느님은 믿고자 하는 이에게 크리스마스의 기적을 선물하셨다.

감사의 말

⭐ 이 책은 그냥 나온 것이 아닙니다. 많은 분들이 나와 우리 아이들의 아름다운 이야기를 책으로 써야 한다고 권해주고 격려해주신 덕분에 탄생한 책입니다.

내 인생의 공동 기획자이자 이 책의 공동 집필자인 나의 아름다운 아내인 애니에게 감사합니다. 애니는 내가 아는 가장 사랑스러운 사람입니다. 그녀의 사랑을 통해 나는 하느님의 사랑을 더 깊이 이해하고 그 사랑을 다른 이들에게도 전해야 한다는 것을 깨달았습니다.

또 캐시 휘터커, 낸시 도드, 그리고 마운트카멜 교회의 모든 분들께 감사의 마음을 전합니다. 그들은 내가 이 이야기를 처음 쓰기 시작할 때부터 계속 나를 격려하며 지켜봐

주었습니다.

마운트카멜 교회의 교우이자, 학교 교사이며, 유명한 문법학자인 캐시 매닉은 제 원고가 문법상 어색함이 없도록 정성껏 교정을 봐주었습니다. 고마워요, 캐시! 나는 당신이 이 책을 읽으며 마음이 따뜻해지기를 바랍니다. 당신에게 하느님의 축복이 함께 하기를 빕니다.

마지막으로 이 책에 담긴 모든 사랑의 근원이신 하느님께 가장 감사드립니다.

에드 부처트